テント泊登山の基本テクニック

高橋庄太郎

ヤマケイ新書

山中生活に必要な「衣食住」すべてを背負い、緑に包まれた南アルプスの登山道を行く。荷物は重くても、心は充実している。

常に空模様をうかがい、水場があれば飲料水を入手する。山中で本当に頼れるのは自分だけ、自分たちだけだ。

食事のメニューは自分で決める。少々重くても食材を充実させるか、それとも軽量なもので済ませるか？ そこが難しい。

日帰り登山ならば、下山後に腹いっぱいの食事をとることができ、自宅のふかふかな布団で眠れる。小屋泊登山ならば、温かな食事が用意された山小屋でくつろぎ、真っ平らな床の上に横たわれる。

だが、テント泊登山はそれらのスタイルと決定的に異なる。気象条件が厳しい山中で、温かな食事をとり、体を休めるためには、自力で山中にテント、調理器具、着替えなどの「衣食住」すべてを用意しなければならない。そのための体力や手間は相当なものだ。

装備を的確に使いこなす知識も必要である。特に、厳しい外界から自分を守ってくれるテントは、正しく使えば快適な空間を生み出すが、誤った使い方だと不快なばかりか、暴風でテントごと深い谷間に飛ばされ、

命を失う可能性すら出てくる。

僕が以前、北アルプスの剱岳へ登った際、テント場で台風のような暴風雨の夜を経験した。

天候が悪化する前にすべてのペグを根元まで打ち込んでおいたが、時間とともに雨で地面はゆるみ、テントには強烈な風圧がかかった。そしてついにペグは抜け、テントは地面から引き剥がされそうになった。

僕は風が弱まるタイミングを見計らい、テントから出てペグを打ち直した。風の勢いに負けないように、予備のペグや周囲の大岩も利用して張り綱にテンションをかけ、テントがつぶれないような工夫もした。最後にはテントの周りは大量の水で川のようになったが、事前にしっかりと補修していた僕のテントは、フロア

からの浸水はほとんどなくて済んだ。

暴風雨が収まり、昨夜のことがうそのように太陽が輝く朝が訪れた。僕のテントは生き延びた。だが、周囲のテントは原型をとどめていないものもあった。

その差は何だったのか？

それぞれのテント自体の強度の差もあるだろう。だが周囲の様子を見ていると、壊れたテントはもともと正しく設営できていなかった可能性が高かった。しか

し、テントのもつ耐風性をしっかりと発揮させてやれば、大惨事は防げたように思われるのだった。

大切なのは「基本」である。まずは“知っているつもり”の知識を再確認し、場合によってはアップデートしてほしい。小難しい応用編の技術は、それからで充分だ。基本に忠実なテクニックを身につけ、必要な情報を得ておけば、それだけで誰もが安全で楽しいテント泊登山が行なえるようになることだろう。

目次

目次

Chapter
6 眠ることと食べること 125

Chapter
7 帰宅前にすること、帰宅後にすること 139

本書を読む前に

本書で解説しているテント泊山行の装備や技術は、春から秋の無雪期の山行に対応するものです。雪山のテント泊は、無雪期に比べリスクが高く、本書で取り上げた以上の多くの知識が必要になります。

Chapter 1

テント泊装備をそろえる

テント泊に使える道具は、自分で運んだ装備のみ。しかし、不必要なほど用意すれば重くなり、用意が足りなければ安全、快適に過ごせない。そのバランスを考え、準備を行なっていく。

テントの構造と4大要素

フライシート

インナーテントを覆う屋根の部分。使用される生地には防水性と撥水性を持たせてあり、雨水を防ぐ。このフライシートとインナーテントとの間(出入口の前)には「前室」という土間のような空間ができ、汚れたブーツやクッカーなどを置ける。

正しい設営方法の前に名称と構造を理解する

テントは4つの主要パーツからできている。すなわち、「インナーテント」「フライシート」「ポール」、そして「ペグ」である。特に、現代の主流である"ダブルウォール×自立型"テントは、これら4つのパーツのどれが欠けても、その機能を発揮できない。

テントの本体ともいうべき「インナーテント」は、ずばり居住空間。昼にくつろぎ、夜に就寝するのはこの内部スペースである。

軽量な金属やカーボンを使った「ポール」はインナーテントを立体化させる柱や梁のような役割をもつ。強い風が吹いてもテントの形状を保ち、インナーテント内部の空間をキープする。

それらの上に広げてかける「フライシート」は防水性の屋根であり、悪天候時の雨や風を防ぐ。

これら3つのパーツで居住空間をつくりだしたテントを地面に固定するのが「ペグ」だ。このペグの使い方ひとつでテントの快適性や安全性は大きく変わる。それぞれのテントがもつ真の力を引き出すのは、実は地味な存在であるペグなのだ。決しておろそかにはせず、効果的な使い方を充分にマスターしておきたい。

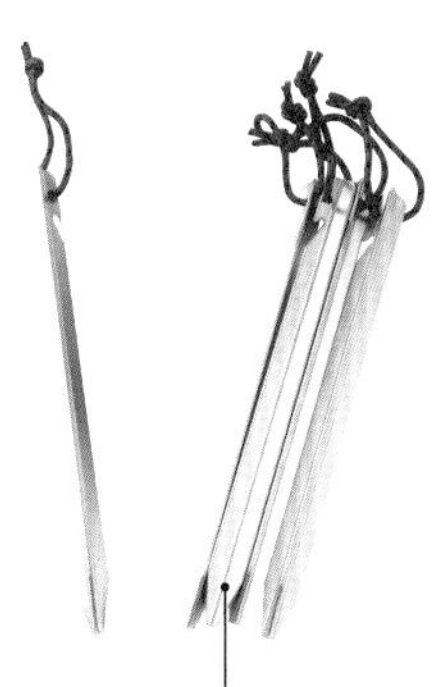

インナーテント

ポールで立体化させることで生まれる居住空間。ボトムの生地には防水性を持たせているが、それ以外の生地には通気性があり、内部の空気を良好に保ち、湿気を逃がして結露を防いでいる。フライシートなしのテントには防水性のモデルもある。

ポール

インナーテントを立体化させるための「フレーム」。アルミやジュラルミンが大半だが、なかには軽量なカーボン製も。インナーテントとの組み合わせ方はさまざまで、現在はフックでインナーテントを取り付ける「吊り下げ式」が主流だ。

ペグ

テントを地面に固定するための「クイ」になるもの。山岳テント用は軽量で丈夫なアルミやジュラルミンなどが主流だ。太さや形状は各種あり、地面の状態に合わせて使い分けるとよい。破損に備え、予備も数本持っていきたい。

複数のスタッフバッグに分け、パッキングを簡単に

上のテントをスタッフバッグに入れた状態。これはインナーテントとフライシートをいっしょに収納するタイプの大きめのスタッフバッグだが、近年はさらにスタッフバッグを複数に小分けしたテントも増えている。長くて硬いポールやペグは、それらとは別の袋へ収納するのが一般的である。

テントの主要タイプ

ダブルウォール×自立型

現代のテントの主流。地面にペグを打ちにくい岩場などでも立体化し、テントに不慣れな人でも扱いやすい。インナーテントとフライシートの間には「前室」があり、悪天候時にはそこで調理も可能。他のモデルよりも少々重いが、風雨への対応力も充分だ。

現在の中心は、使いやすいダブルウォール×自立型

「フライシートの有無」と「ペグを打たなくても立体化（自立）するか」。これらの2つの視点で、テントは大別される。

インナーテントの上にフライシートをかけるモデルは、内部と外部のあいだに２枚の生地の壁ができるため、「ダブルウォール」テントと呼ばれる。一方、インナーテント自体に防水性を持たせてフライシートを省略したものは壁が１枚しかなく、「シングルウォール」テントとなる。

また、ポールを組み合わせるだけで、ペグを打たなくても立体化するものが「自立型」だ。それに対し、ペグでテントを地面に固定しないと立体化しないのが「非自立型」である。

これら「ダブルウォール」と「シングルウォール」、「自立型」と「非自立型」の組み合わせで4つのタイプが生まれる。現在は使いにくいシングルウォール×非自立型はごく少数で、残り3タイプから重量や耐候性などの持ち味で選ぶことになるが、初めてのテントには、場所を選ばずに設営できて悪天候にも強い「ダブルウォール×自立型」がおすすめだ。現在、最も進化が進んだタイプでもある。

シングルウォール×自立型

本体に防水性の生地を使うことでフライシートを省いたタイプ。フライシートがないので壁がテント本体の1枚しかなく、「シングルウォール」と呼ばれる。その分だけ軽量化だが、前室部分がないので悪天候時は内部へ雨が吹き込みやすく、使い方が少々難しい。テントに慣れてから手を出したほうがいい。

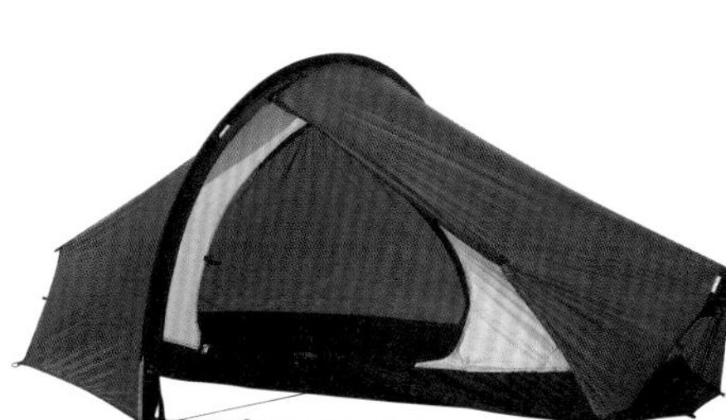

ダブルウォール×非自立型

自立型タイプよりも、使用するポールが短くなり、本数も少ないために、総重量が軽量になるのが大きなメリットだ。ただしペグを打たねば立体化しないために、石や岩が多くて地面が硬い場所ではしっかりと設営できず、風雨に弱くなる。使用する場所を考えなければならないタイプである。

ワンポールタイプ

内部に長い1本のポールを立て、三角形に立体化させて使用するのが、モノポールテントなどともいわれるワンポールテント。周囲を確実にペグ打ちできれば風にも非常に強く、面積のわりに軽量だ。アウターのみでシェルター的に使用すれば、ますます軽量である。

モデル選びのポイント

重量や快適性を考慮し、用途と好みで探す

テント選びの際は、前ページで説明した構造上のタイプ以外にもいくつかのポイントを考えたい。

テントは「使用人数」の目安を明記し、数種の大きさをつくり分けている。だがぴったりの人数で使うと荷物が置き切れないこともあり、ある程度の余裕も欲しい。

出入り口の向きは、風の影響を受けにくい縦（短辺）と、居住性が高い横（長辺）がある。カラーリングも重要だが、視認性が高い原色か、山に溶け込むナチュラルな色かは、好みにもよる。耐久性の高さは重量とも関係してくる。

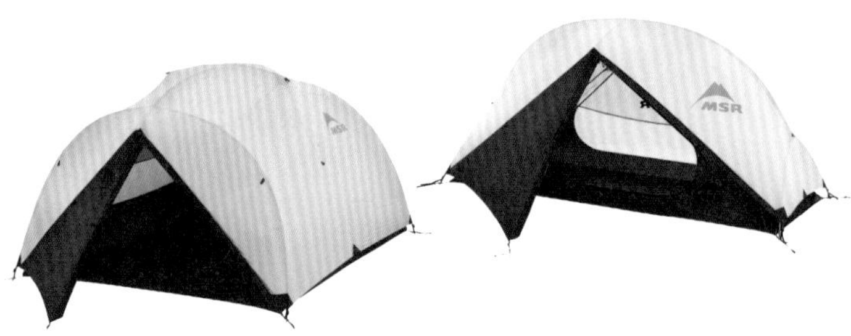

大きさ（人数）

ソロ用以外は「テント記載の使用人数－1」程度で使うのが快適で、荷物を外に出して眠る必要がない。大きいものは快適性が高いが、設営スペースが広くなり、混む合うテント場では周囲に迷惑をかける。重量もかさむため、大きければいいわけではない。

出入り口の向き

居住性が高いのは、出入り口が横（長辺）。だが複数で使う場合、入り口が1つだと奥の人は手前の人をまたがないと外に出られない。一方、出入り口が縦（短辺）は開口部が狭いので強風時に風が吹き込みにくく、就寝中も仲間をまたがずに出入りできる。

カラー

周囲に真っ白なガスが漂うと、自分のテントを見失いやすい。そんなときでも赤やオレンジといった原色系の派手なカラーなら目立つ。反対に青、緑、茶系のアースカラーは目立たないが、心が落ち着く色合いだ。視認性の低さを認識し、注意して使用したい。

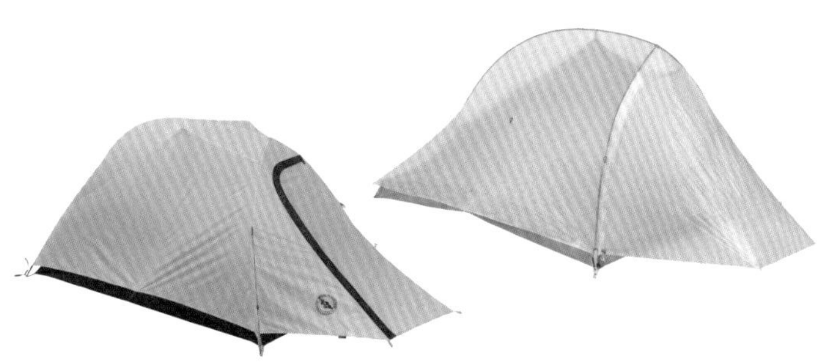

耐久性

一般的に、軽量で薄い生地のテントは穴が空きやすく、少し重くても厚手の生地のほうが丈夫だ。ポールも同様で、重くても太めが折れにくい。だが自力で荷物を運ぶテント泊登山では、できるだけ軽いテントが好まれる。そのあたりのバランスが難しい。

4シーズン用とは？

テントには無雪期（春～秋）用の「3シーズン用」と、積雪期も含めた「4シーズン用」が開発されている。だが4シーズン用は雪や強風に対応できるように頑丈な構造になっているので重く、冬の使用がメインになっている。つまり、実質は1シーズン用ともいえる。

テント泊の重要装備「寝袋」

温かな“かけ布団”で体力を回復させる

テント泊登山が日帰り山行と決定的に違うのは、夏でも涼しい山中で夜を明かすことである。

山中での温かな寝床となるのがスリーピングバッグ、つまり寝袋だ。ドイツ語を語源に、シュラフとも呼ばれている。

内部の中綿は2種に大別される。ひとつがダウンで、軽量で小さく圧縮でき、しかも温かい。そのままでは濡れに弱いという弱点はあるが、今では撥水加工を施したり、足元に防水生地を使ったりと濡れに強いダウンも登場し、山岳用途としては現代の主流である。

もうひとつは、少しくらい濡れていても暖かさをキープする化学繊維だ。少々かさばって重く、荷物を背負って歩くテント泊山行に使う人は少ないが、丸ごと洗えるのでメンテナンスが楽である。

中綿の量やデザインによって、スリーピングバッグの温かさは大きく異なる。山中はただでさえ街よりも寒く、疲れた体は冷えて体温がなかなか上がらない。だから、スリーピングバッグは目的の山域で想定される気温よりも１ランク以上、保温力が高いものを買っておくと失敗がない。温かすぎるときはファスナーを開けて眠ればいいのである。

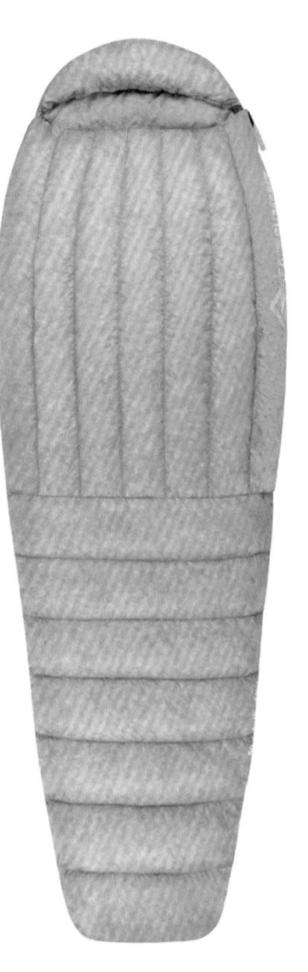

ダウン

ダックやグースの羽毛を指し、その品質は「フィルパワー(FP)」という数値で表される。この数値が高いほど少量のダウンでも保温力が高い。700FPくらいでも充分に高品質だが、現在は1000FPのものも登場している。近年は撥水加工のダウンも増えている。

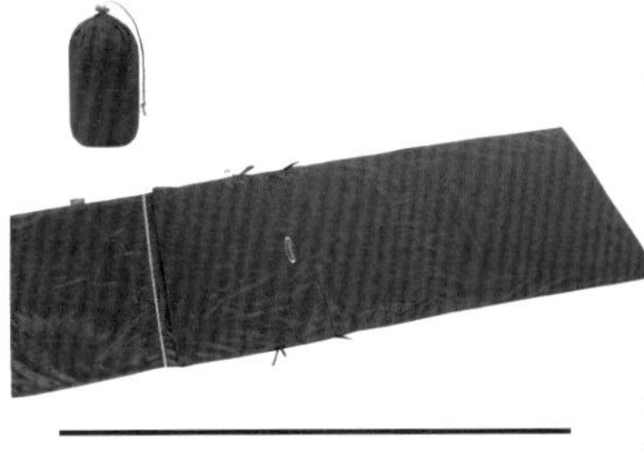

シーツ

寝袋のなかに入れ、二重にして使うインナーシーツも販売されている。寝袋の汚れを抑える働きとともに保温力を高める効果も高く、寒い時期は積極的に利用すると、温かく眠れる。山小屋に泊まる場合も持参し、個人のシーツとして使うと清潔だ。

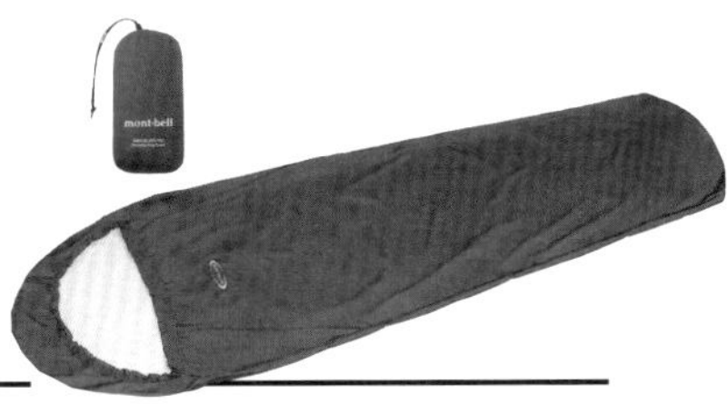

化繊

保温力が同じ重量のダウンに比べると低く、収納時にはかさばるため、山岳用寝袋の素材としてはダウンに劣る。だが水に濡れても乾燥が速く、湿ったままでもそれなりの保温力を発揮する。悪条件ではダウン以上の安心感があり、根強い人気をもっている。

カバー

防水性のカバーを寝袋に組み合わせると、水濡れに強くなり、保温性を高めるのにも一役買う。ただし、小さめのものを組み合わせると、暖気をキープする働きをもつ寝袋の中綿のふくらみを抑え込むことになり、逆効果だ。余裕があるサイズのものを選びたい。

対応温度

寝袋は、モデルごとに「快適睡眠温度」「使用下限温度」といった温度の目安が表示されている。使用下限温度ではまともに眠るのは難しいので、「快適睡眠温度」を参考に、自分が行きたい山の標高や季節を考慮したモデルを選ぶ。

テント泊の重要装備「マット」

柔らかな“敷布団”で山中でも熟睡する

分厚いスリーピングマットは地面の硬さを和らげ、体への負担を取り除いて寝心地がいい。

しかし、いくら分厚い「エア注入式」でも、内部に仕切りなどがなく空気しか入っていないものは、体温がマットの表面から逃げて凍えやすい。すのこの上で寝ているようなものだ。だが内部に熱反射板などが使われていればエア注入式でも保温力が高く、心地よい山中の“敷布団”として機能する。

「自動膨張式」のマットは内部にフォーム材が入っているため、常に一定以上の温かさを発揮する。収納時のかさばりや重量はエア注入式に劣るものの、使い勝手はいい。

破損の恐れや空気漏れの心配がないのは、ウレタンマット、ロールマットなどとも称される「クローズドセル」マットだ。断熱性はあまり高くはなく、収納時のかさばりなどは大きなデメリットだが、広げるだけで使える便利さは捨てがたい。

マットの断熱性は「R値」という数値で表わされ、高いものほど高機能である。暑い夏は0～3.0程度で充分だが、寒冷期はそれ以上が欲しい。6.0以上あれば、雪の上でも寒くはない。

エア注入式

現代のマットは、空気を入れて膨らませるエア注入式が中心となっている。その分厚さで地面の凹凸を吸収して寝心地がよいだけではなく、内部に熱反射板や仕切りを入れたタイプは他のタイプのマット以上に断熱性が格段に高く、地面からの冷えを感じさせない。空気を抜けば小さくなるので、収納時のコンパクトさや軽量性も他のマット以上だ。

自動膨張式

バルブを緩めると、収納時に圧縮されていたスポンジのようなフォーム材の復元力によって空気が自動的に入っていくタイプ。フォーム材は断熱性が高いうえに、たとえマットがパンクして一定の弾力性をキープする働きもあり、場所を選ばず気楽に使うことができる。

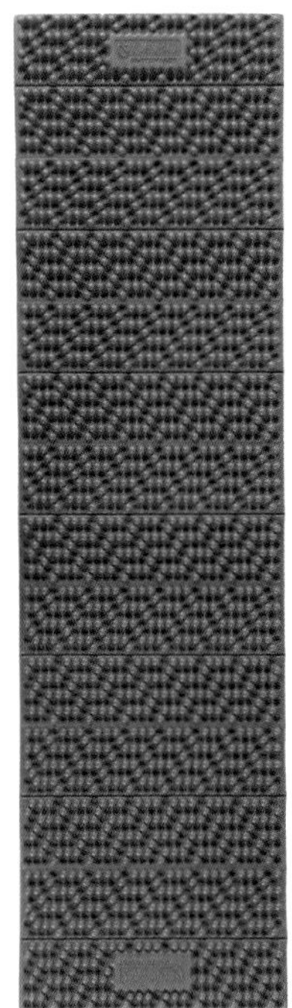

クローズドセル

折り畳んだり、丸めたりして持ち運べる発泡性のフォーム材のマット。断熱性はそれほど高くはないが、わざわざ空気を入れて膨らませる必要がなく、値段も安価で人気が高い。だがかさばってパッキングの際は邪魔になり、行動中も周囲に引っかかって少々危険なこともある。

枕

着替えなどの衣服を丸め、空いたスタッフバッグに押し込んでも、枕代わりに使える。だが、寝心地のよさでは専用のピローにはかなわない。マットと同様に空気を入れて膨らませるタイプが多く、収納時はコンパクト。空気の量を調整すれば好みの高さで使用可能だ。

リペアキット

就寝中のマットには全体重がかかり、その圧力は非常に高い。そのために、エア注入式は見えないほど小さな穴が空いても簡単につぶれてしまう。短時間で穴あきを補修できるリペアキットは持参すべきだ。大半のマットには、購入時に最低限のキットが付属している。

テント泊の重要装備「バーナー」

バーナーヘッドの違いで変わる使いやすさ

調理用のバーナー（ストーブ）にはガソリンなどの液体燃料タイプなどもあるが、ツマミをひねればすぐに点火できるガスバーナーが現代のメインである。

ガスバーナーは燃料が入ったガスカートリッジに火口となるバーナーヘッドを直結するものと、分離して使うものがあり、直結型のほうがシンプルで軽量である。だが重心が高く、凹凸がある場所や傾斜地では少々不安定だ。それに対し、分離型は重くはなるが大型で重いクッカーでも調理しやすい。また、どちらのタイプも簡易的な風防が付いていると、強風が吹きやすい高山でも火力が安定する

燃料効率が高いのは、バーナーとクッカーの一体型。調理は少々しにくいが、驚くべき短時間でお湯が沸き、燃料も少量ですむため、フリーズドライ食品を中心にメニューを考える人にはメリットが大きい。収納時はクッカー内にバーナーが入れられ、コンパクトだ。

ガスバーナー（直結型）

現在最も販売されている種類が多いタイプ。ガスカートリッジにバーナーヘッドをダイレクトに取り付けるだけで使用でき、誰もが直感的に扱える。しかし構造上、クッカーの重心が高くなるので、凹凸が多い地面の上では少々不安定になる。注意して使いたい。クッカーを乗せるゴトクの部分が簡易的な風防を兼ねているものは、強い風のなかでも火が消えにくくて便利だ。

ガスバーナー（分離型）

バーナーヘッドとガスカートリッジが分離しており、燃料ホースでつながっている。ホースなどの分だけ少々重くはなるが、クッカーを置いたときの重心が低くなり、大きいクッカーでも安定するのが長所だ。数人分の食事を作るときには、こんなタイプが使いやすい。

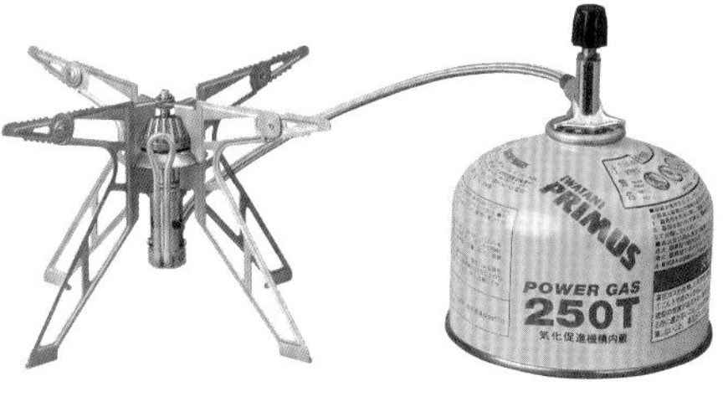

ガスバーナー（一体型）

熱効率を高める特殊構造のクッカーの下部にバーナーを直結して使う。火力に無駄がないので少ない燃料と短い時間でお湯を沸かせることができ、調理効率が非常に高くなる。クッカー内部にはバーナー部分を収納でき、パッキング時にはコンパクトだ。

カートリッジの種類

カートリッジ内に収められている液化ガスにはイソブタンやブタンなどが使われ、写真のパワーガスは気温が低い時期でも安定した火力を生み出すタイプ。一方、ノーマルガスは比較的安価だが、気温が高い時期以外は火力が落ちる。また、内容量によって「250」「110」などのサイズがある。

テント泊の重要装備「クッカー」

アルミ

現在、販売されている種類が最も多いのは、アルミ製のクッカーだ。アルミはチタンよりも少し重く、そういう意味では荷物の軽量化にはチタンほどの効果はないが、熱の伝導性が高いために熱がクッカー全体にまわりやすく、調理中の焦げが少ない。多少時間がかかってもおいしいものを調理して食べたい人は、アルミ製がいいだろう。金属としては柔らかなアルミは加工しやすいのでさまざまな形状があり、比較的安価なのも長所である。

2つの素材の中から自分の用途に合わせて選ぶ

キャンプ用のクッカーには多様な金属のものがそろっているが、こと登山に関しては、軽量性に秀でるアルミかチタンの二択である。とくにチタンは非常に軽い。

しかしチタン製は焦げ付きやすいので調理はしにくく、しかも高価である。その点、チタンほど軽量ではなくても、アルミ製は焦げ付きにくいので調理に向いている。

そのどちらを選ぶのかは、そのまま「どんなテント泊をしたいのか」という考えにつながる。

たとえば“行動の容易さ”を重視し、可能なかぎり荷物を軽量化して歩きたいのなら、チタン製クッカーとフリーズドライ食品の組み合わせで足りる。だが“テント場での充実”を考えれば、アルミ製クッカーと充実した食材を持ち、山中キャンプ生活を楽しみたい。

金属製のクッカーは、一度手に入れれば、半永久的に使える。用途に応じて何種類か手元に置いておいても損はないはずだ。

チタン

軽量なクッカーといえばチタン製だ。だが熱の伝導性が低いために、バーナーの火を受けている部分ばかりが熱くなり、その結果、食材が焦げやすい。じっくりと手間をかけて作るメニューには不向きだ。しかし、お湯をわかすには問題がなく、手間も時間もかからない。なかには底面にアルミなどをコーティングして熱を拡散させ、チタンの弱点を補った製品もある。硬いチタンは圧力をかけると割れることがあり、パッキングの際は注意したい。

取り分け用の食器

ソロ山行であれば多くの場合、調理に使ったクッカーをそのまま食器としても使用する。だから取り分け用の食器はなくても済ませられる。だが複数のメンバーで山に入り、共同のクッカーで食事を作る際には個人用のボウルやお皿が必要だ。各自がそれぞれ用意してもよいが、メンバー分の同じ形状の食器を用意しておけば、重ねて収納することができ、荷物がかさばらない。

カップ

スープやコーヒー、お茶を飲むときのために、カップも用意しておくといい。カップの壁が二重になっていたり、さらにその間を真空にしてあったりするタイプは非常に保温性が高く、寒い時期は重宝する。だが直接火にはかけられないので、クッカーとしては使えない。その点、シエラカップのようにシンプルな金属製ならば、クッカーのようにバーナーで加熱し、お湯を沸かせる。

テント泊の重要装備「ライト・ランタン」

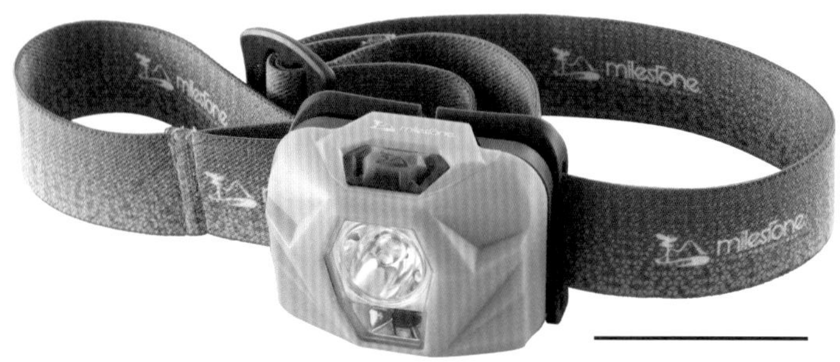

ヘッドランプ

小さめのLEDを使った近距離向けのものと、大きめのLEDを搭載した遠距離向きのもの、そしてそれらを組み合わせたハイブリッドタイプがある。いずれにせよ、長時間行動が多くなるテント泊登山場合は、薄暗い早朝からの行動できるように遠距離を照らせるものを選びたい。テント周りではバッテリーの消費を抑えるように光量を落として使おう。

テント泊登山には「遠距離照射」タイプを

日帰りや小屋泊の登山に比べ、重い荷物を背負うテント泊登山は、目的地までの行動時間が長くなりがちだ。早朝の出発やトラブルによる夜間歩行にも備え、遠くまで照らせる大光量のヘッドランプを用意したい。自分の周囲しか照らせない光量のものは登山道中の危険物や道標を見落としやすく、安全度が下がってしまうからだ。

そして、電池式タイプならば予備電池を持ち、内蔵バッテリーに充電するタイプであれば、モバイルバッテリーを持参する。緊急時に必ず使えるようにしておくのが肝要だ。キャンプ生活を快適に楽しみたければ、テントまわりではランタンを併用してもいい。最近は超軽量タイプも多い。

明るさの違い

光量を大きく調整でき、しかも光を拡散させる範囲を変えられるタイプのヘッドランプは、行動に応じて多様な使い分けができる。例えば、歩行中は右の写真のように明るくすれば安全性が高まり、テント周りでは左のように調整すれば消費電力を抑えられる。

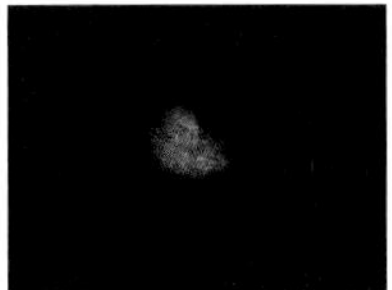
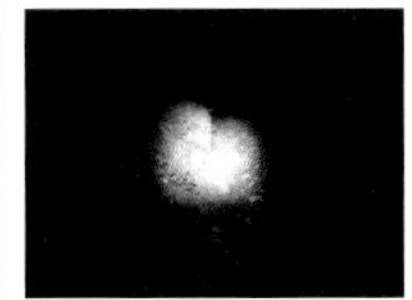

ランタン

ヘッドランプを持っていれば、ランタンは用意しなくてもよい。だが夕食時やテント内で寛ぐときにランタンがあれば非常に便利であり、キャンプ生活に彩りを添える働きもある。最新の超小型LEDタイプはそれほど重くはなく、ヘッドランプのサブとして持つという考え方もある。また、電池切れの心配がないソーラーバッテリータイプも人気だ。

エマージェンシー

ヘッドランプを紛失したり、故障させたりすると、山中での危険は一気に高まる。とくに緊急時の夜間行動は不可能になり、遭難の恐れも生じてくる。そんな不安を解消するためにもできればライトは複数持ち歩くべきだが、重量がかさむのはやはり避けたい。その点、緊急時に備えたエマージェンシータイプの小型ライトは想像以上に軽量だ。電池込みで30gほどのものもあり、サブとして持っていくのが苦ではない。

テント泊の重要装備「バックパック」

テント泊向け大型モデル

荷物の量は食材の量にも大きく左右され、何泊するかで必要とされる容量も変わる。だが、荷物を削減し圧縮して詰め込めば、容量40ℓでも1〜2泊想定のテント泊装備を収められる。だが、一般的には容量50ℓ以上のほうがパッキングは楽だ。テント泊向けの大型モデルは重い荷物でも安定して背負える頑丈な作りで、ヒップハーネスやショルダーハーネスは充分な厚みと太さを持ち、荷重を体の各部に分散し、体への負担を軽減する。

必要装備を過不足なく入れるサイズ感

これまでのページで紹介してきた「衣食住」すべての装備を自分で運ぶテント泊登山は荷物の量が非常に多い。これらの装備は大型バックパックに詰め込んでいく。

持参すべき食料の量は登山日数によって変わり、人によって装備のかさばりやパッキングの仕方も異なるため、必要なサイズは簡単に決めることはできないが、夏の2泊3日程度ならば多くの場合、容量50〜60ℓほどのサイズがあれば充分だ。寒冷な時期にはボリュームのあるスリーピングバッグや防寒着で荷物がかさばるため、もう少し大きめが使いやすい。

最新の軽量コンパクトな装備をそろえれば、容量35〜40ℓ程度でもテント泊山行は可能だ。だが、そのような装備は高価で、さらに綿密にパッキングを行なう必要が出てくる。だから、初心者には少し大きめのほうが扱いやすい。

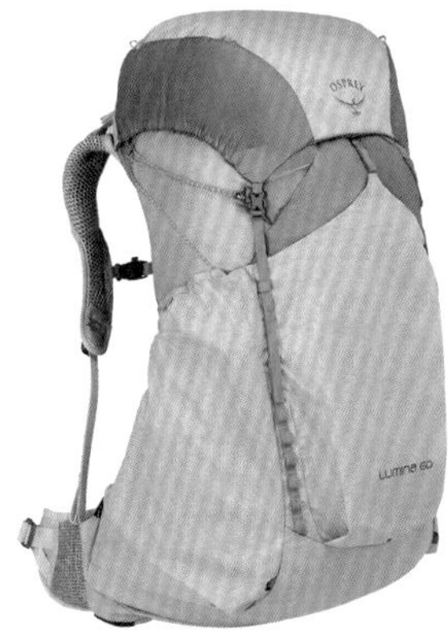

女性モデル

女性用にデザインされた大型バックパックを展開しているメーカーはかなり多い。男性向けやユニセックスのバックパックに比べると、いくぶん細身で軽量にできているものが多いのが特徴で、ショルダーハーネスやヒップハーネスは女性の体のラインに合わせて曲線を描き、小柄な体格の人でも体に負担が少なくなるように配慮され、背負いやすく作られている。一般モデルが体に合わないと感じている女性は試してみる価値があるはずだ。

サブパック

キャンプ地にテントを張りっぱなしにして、短時間で近くの山頂へ往復してくる、最寄りの山小屋へ行って飲み物などを調達してくる、水場から大量の飲み水を汲みだしてくる……。そんなときに重宝するのが、小型で軽量なサブバッグだ。とくにコンパクトに収納できるパッカブルタイプは大型バックパック内で邪魔にならず、持ち運びにも便利だ。登山中だけではなく、帰宅前に温泉に入るときなども活躍し、日常生活でも重宝するバッグである。

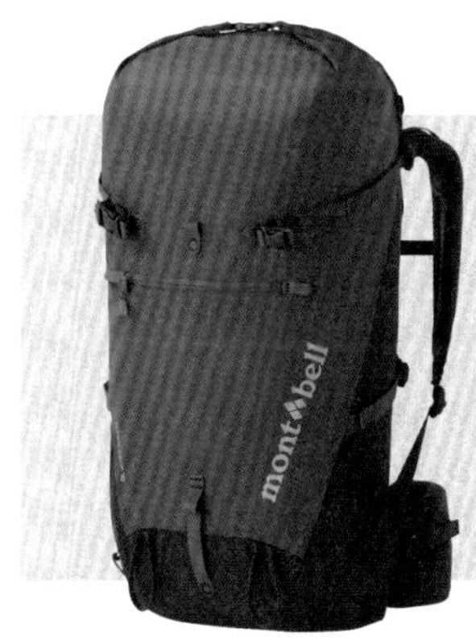

防水モデル

一般的なバックパックは、降雨時に防水用のカバーをかぶせて雨水の浸透を抑える。だが、カバーがかからない背中側から浸水してきたり、強風でカバーが外れてしまったりすることがよくあり、あまり防水性に長けているとはいいがたい。その点、表面に防水素材を使ったバックパックは、カバーなしでも雨水に強い。素材が少々重くなるのは避けられないが、安心感は高い。

基本装備の一覧

テント泊装備の一例

夏山を中心としたソロ登山の際の一例。残雪期には軽アイゼンが加わったり、岩場が多い場所ではヘルメットが加わったりと、季節や山域によって多少の装備の変更や増減がある。またグループ登山になると、一部の装備は共同で用意できる。

何を持っていくか？ 登山全般の重要品

ここまで取り上げてきたものはどれもテント泊登山の必需品だが、それら以外にも重要装備は数多い。

レインウェアや登山靴などは、おろそかにはできない基本中の基本装備。地図やコンパスは自分の居場所を知り、安全に歩くために必要不可欠だ。トラブルに対応するには修理用キットやファーストエイドセットも忘れてはならない。また飲料水を入れるボトル類も重要だ。重い荷物を背負うテント泊山行のときは、行動中に大量の汗をかきやすいので、少し大きめのものを用意するとよい。

道具のそろえ方や不必要なものの見極め方、それぞれの道具の好みなどで、実際に持っていく装備は大きく変わる。だが、近年の登山道具はますます軽量化が進み、食料や飲み物を除いたトータルでの装備の重量は、夏であれば多くの人が11～12kgほどで収まるのではないだろうか。軽量装備をそろえれば、7～8kgにすることもそれほど難しくはない

もちろん寒冷な季節には温かな寝袋や防寒着が必要で、重量はかさむ。必要十分な装備を用意しつつ、無駄は省いて可能なかぎり軽量にまとめたい。

テント泊山行に必要な装備

◎ バックパック
△ サブパック
○ バックパックカバー
◎ テント一式
◎ 寝袋(スリーピングバッグ／シュラフ)
△ スリーピングバッグカバー
◎ マット／シート／ピロー
◎ クッカー
△ 食器／カップ
◎ カトラリー
◎ ボトル類／ハイドレーションパック
◎ バーナー／燃料
◎ ナイフ／マルチツール
◎ 主食／予備食
◎ 行動食
◎ レインウェア
◎ ミッドレイヤー
◎ ベースレイヤー
◎ ソックス／パンツ
◎ 防寒着
△ タイツ／サポートタイツ
△ グローブ
◎ 帽子
○ ゲイター
◎ ブーツ
○ サンダル
◎ ゴミ用袋
◎ トイレットペーパー／ティッシュペーパー
◎ 洗面用具
◎ タオル類
◎ ヘッドランプ
◎ 携帯電話
△ ラジオ
◎ 防水性多機能時計／コンパス／地図
◎ 電池
○ トレッキングポール
△ 軽アイゼン
◎ ファーストエイドキット／医薬品
◎ 修理キット
◎ 細めのロープ2~3m

テント泊登山において、重要な装備の一覧がこちら。◎はどんなときにも必要なもので、○はあれば便利だが、持参せずに削減することも可能なものだ。△はシチュエーションや山行スタイルによっては必要ないものである。これらはスタッフバッグに入れ、小分けしてパッキングすると便利だ。ラジオは天気情報を入手するために重要だが、現在ではスマートフォンのほうがむしろ重宝するだろう。なお、グループ山行の場合には、テント、クッカー、ストーブ、食料などは共同で用意でき、個人ですべてを持つ必要はなくなるなど、すべては臨機応変に考えて準備してほしい。

Column

テント泊 Q&A

1 装備

Q1

季節による総重量の差はどれくらい？

いちばん荷物が軽いのは温暖な真夏ですが、気温が低い時期は寝袋や防寒着、アンダーウェアなどは厚手がほしくなり、それだけで1～2kgの重量増になります。また、場合によっては保温ボトルや軽アイゼンなども必要で、さらに2～3kgも重くなる可能性があります。

Q2

ツエルトってテントと同じように扱える？

簡易的なテントともいえるツエルトは、サイズが大きいタイプであればテントのように宿泊に使えます。しかし設営にはコツがいり、耐候性などはテントにかないません。宿泊に使うには慣れが必要なので、まずはやはり一般的なテントを使うのがいいでしょう。

Q3

テントといっしょに購入すべきものはある？

グラウンドシートは地面に石などが多い場所でテントの底を守るために敷くオプション品ですが、草地などでは必要なく、購入すべきかどうかは、その人次第です。また、一部テントは張り綱やペグの数が十分に入っていないこともあり、その場合は買い足しましょう。

Q4

着替えはどのくらい持っていけばいい？

雨や汗で体が濡れると夏でも低体温症になりかねず、安全対策として最低限の着替えはつねに必要です。とくに肌に触れるウェアは体温保持に重要で、上下のベースレイヤーと靴下はマスト。公共交通機関で帰宅するときはそれらに着替え、こぎれいになりましょう。

Chapter 2

計画の立て方と準備

装備をそろえたら、次に具体的な計画を考えていく。
自分の力量を考え、確実に安全な場所へ行くのか、
それとも少しだけ挑戦的な山へ向かうのか?
いずれにせよ、充分な準備を行ないたい。

計画の立案と情報収集

基本となるのは地図。情報は新旧・正誤も判断

登山計画を考える際に、はじめに行なうべきは地図の入手だ。

基本となるのは、国土地理院発行の地形図。縮尺は各種あるが、地形が読み取りやすい1/25000の詳細なものがいい。大判が書店で購入できるが、扱っている店舗は少ない。だが、近年は国土地理院のウェブサイトから自由にプリントアウトできるようになった。

人気山域を網羅した登山地図も販売されている。縮尺の問題で地形図ほど細かな地形は読み取れないことが多いが、水場やコースタイムの目安も掲載されており、使い勝手は抜群だ。また、登山ガイドブックも有用で、登山地図以上のルート上の情報が得られる。

現在は登山系アプリから、既存の地形図や登山地図以上の情報が得られるようになってきた。GPSと連動し、自分の居場所も確認できるため、もはやスマートフォンは山中では欠かせない情報ツールである。しかし山中で使う場合はバッテリー切れや破損が怖いので、紙の地図も必ず併用しよう。

注意したいのは、最新情報を網羅しているようなアプリやウェブサイトでも、その情報にはいくらかのタイムラグがありうること。現地では案内所に立ち寄り、リアルタイムの情報も確保したい。

登山地図、地形図

いくつかの会社から販売されている登山地図には防水紙を使ったものもあり、雨天でも気にせず使用できる。だが、細かな地形を読むためには、地形図が必要だ。

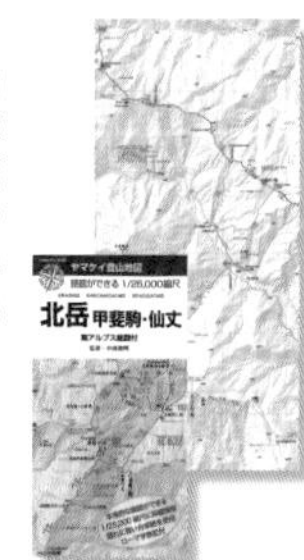

ガイドブック

著者の責任のもと、詳細でいて確実な情報を掲載しているのが最大の長所。多くは山域ごとに特化しており、目当ての山と同時に周辺山域も調べられ、計画に幅が出る。

案内所

メジャーな登山口には登山案内所や観光案内所が設けられている。そこではまさに最新のな情報が得られ、有意義だ。出発前に立ち寄り、話を聞きたい。登山届も提出できる。

ウェブとアプリ

山情報に特化したウェブサイトやSNS、各種アプリからは有用な新しい情報を得られる。特に一般登山者からの「生」の声はリアルで大きな意味があるが、重要な情報のなかに不確かな情報も入り交じり、その内容は玉石混交。見極めが大切だ。

地図上のチェックポイント

登山計画を立てる際に、特にチェックしておきたいのが「登山口・下山口」の場所、目的地となる「キャンプ予定地」、そしてそれらの間にある「難所」や「水場」である。これらの位置関係と自分の行動能力によって計画は大きく変わっていく。時間に余裕をもたせ、無理のない計画を立てたい。

A 登山口・下山口

計画上の登山口・下山口だけではなく、エスケープルートとして緊急時に短時間で下りられるポイントも把握しておく。

B 水場

行動中、どこで飲料水を手に入れられるかは、非常に重要な情報。途中で入手が困難な場合は、出発前に大量の水を持つことを想定する。

C 難所

険しい岩場や道迷いしやすい場所を事前に確認し、対策を考える。悪天候時などの際は、途中で断念することも念頭に入れておく。

D キャンプ予定地

出発地から何時間歩けば到着するのか、行動時間には余裕をもたせて検討する。水場、トイレの有無、混雑の程度も確認しておきたい。

マップケースとコンパス

国土地理院発行の地形図は防水性ではなく、雨に弱い。そこで防水性のマップケースなどに入れておくと安心だ。コンパスはすぐに取り出せる場所にしまっておこう。

ルートとテント場の選び方

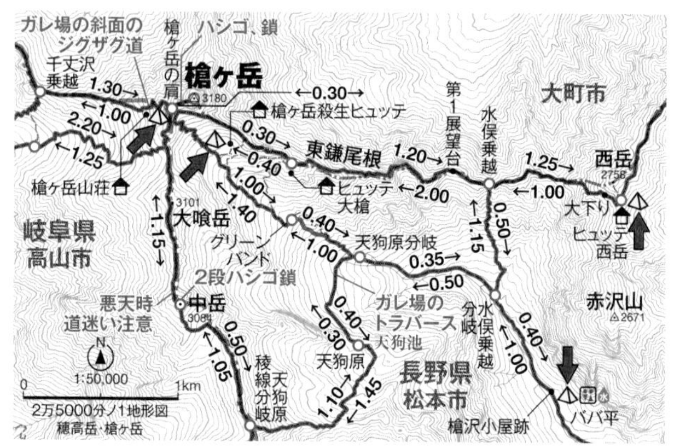

コースタイムについて

登山地図のコースタイムの目安は、登山者の年齢、性別、荷物の量、登山スタイルなどを基準に算出される。だから、荷物が多いテント泊登山の場合、日帰り登山を前提に算出されたコースタイムよりも行動時間は長くなりがちだと考えておきたい。

段階を経て挑戦する長距離縦走

国立公園や国定公園などに含まれている山中でテント泊ができるのは、基本的には「キャンプ指定地」のみ。山中のテント場は山小屋の数に比べて少なく、テント泊にこだわると、次の宿泊地まで長時間の行動を強いられることは多い。キャンプ指定地以外に緊急ビバークとしてテントを張るのは、トラブルの際にのみ許されることだ。

悪天候時などはテント泊を諦め、ルート上の山小屋に泊まることもできる。だが山小屋の多くは事前予約が必要だ。それでも緊急時は快く宿泊させてくれるものだが、可能なかぎり自分の力だけで登山を完結させる計画を立案したい。

あらかじめ長距離歩行を前提にした山行は、初心者には危険だ。

おすすめは、はじめに「ベースキャンプ型」登山を経験し、テント泊に慣れること。その後「山頂往復型」に進み、最後に「長距離縦走型」テント泊登山に挑戦するというステップアップである。

とはいえ、必ずしも長距離縦走型が最終目標なのではなく、それぞれの「型」に固有のおもしろさや魅力がある。さまざまなスタイルのテント泊山行を試み、自分の好みを見極めていきたい。

ベースキャンプ型

登山口近くのテント場にベースキャンプとなる拠点をつくり、そこから目的の山頂まで往復するという登山形式。山中でのテント泊は行ないつつも、主な行動時は多くの荷物をテントに置いていけるため、身軽に行動できる。日帰り登山からのステップアップとして挑戦してみるとよいだろう。

山頂往復型

テント泊装備をすべて背負って行動し、目的の山頂近くまで移動してからテントを張る。テント泊装備を背負って長く歩くが、往路、復路ともに同じルートになるので道迷いの心配は少なく、比較的安全だ。重い荷物で疲れたり、急に天候が悪化したりしたときは途中での下山も容易である。

長距離縦走型

長距離・長時間を歩く縦走はテント泊登山の醍醐味だ。進むにつれて景色が変化し、泊まるテント場も毎日変わる。だがトラブル発生時はすぐに下山できない場合が多く、念入りな計画が必要だ。安全のために自分の力量を踏まえた行動も要求されるが、無事に下山すれば、大きな達成感を得られる。

ソロかグループか

できれば最初はグループ山行から

自分だけの時間を過ごしたい、仲間と休みの日が合わない、といった理由でソロ山行を選ぶ人は多い。荷物が重くなりがちだが、現在は装備の軽量化が進み、少し頑張ればひとりでも荷物を運べる。

ソロ山行のメリットは、自分でスケジュールを決め、自由に行動できることだ。ほかの人を頼れないから自分自身で判断する場面が増え、山の実力もつきやすい。その代わり、緊急時に助けてくれる人がおらず、安全度は少々下がる。

一方、グループ山行は仲間とサポートしあうことができ、共同での装備をつくることもできる。ただ、常に団体行動で不自由さを感じることもあるだろう。また、しっかりとしたリーダーを立てないと緊急時にグループが混乱し、かえって危険な目に遭うこともある。

いずれにせよ、できればソロ山行は経験を積んでから挑戦したい。はじめは仲間とともに山に慣れていくのが、上達への早道だ。

ソロのメリット

自分のペースで歩くことができ、出発や休憩のタイミングも自分次第で、自由に行動できる。すべての判断や作業を自分で行なわなければならないのでプレッシャーはかかるが、必然的に山の知識や技術が身についていく。

グループのメリット

事故や道迷いなどのトラブルの際には、力を合わせて対応できるのが、大きな長所。行動中にお互いの知識や技術を教えあうこともでき、山の実力を向上できる。一部の装備は共同で使えるため、荷物の軽減にもつながる。

共同装備の一例

テント

たとえば、インナーテント、フライシート、ポールなどを3人で分けて持ち運べば、頑丈で重い4〜5人用テントでも1人当たりの重量が1kg以下になることもある。それぞれがソロ用テントを使うよりも広々と過ごすことができ、荷物も軽くなる。

調理器具

現在の登山用バーナーはガスタイプが一般的だが、大人数のときには火力が強く、長時間使っても燃料費が安いガソリンなどの液体燃料系バーナーも便利だ。バーナーヘッドと燃料ボトルなどを分担して持ち、場合によってはサブにガスカートリッジ式も併用する。

食料

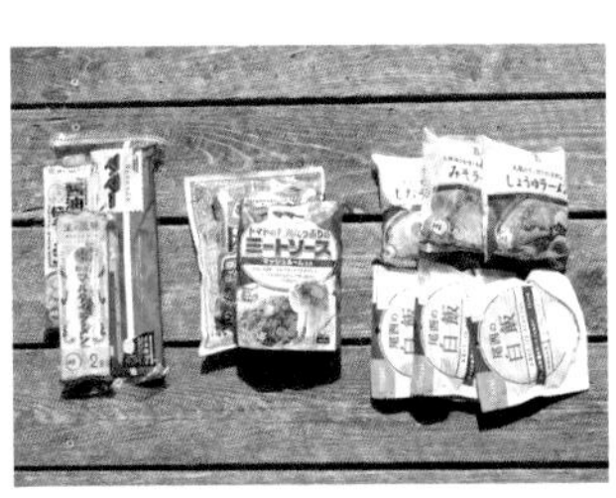

食料を分担して持ち運ぶ際は、「主食」「レトルト」「生もの」といった品目ごとに分けると便利だ。大人数でも誰がなにを持っているのか把握でき、全体で残っている量もすぐにわかる。体力に自信がない人がいれば、その人が運ぶ量を減らしてやるといい。

ファーストエイドセット

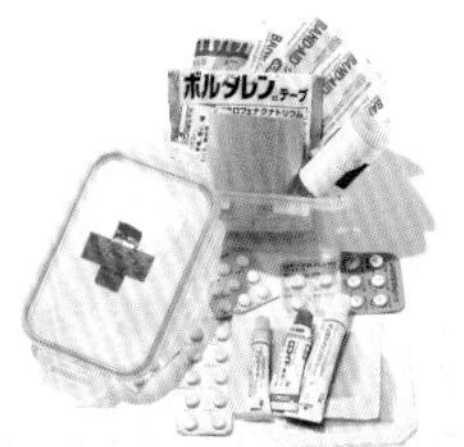

メンバー各自が自分の体質や持病に合わせた小セットを用意しつつ、全体でひとつあれば充分な応急処置具などはまとめて共同装備にしたほうが、グループとして無駄なものを減らせる。ファーストエイドセットを持ち運ぶ担当の人は、使用方法も習熟しておきたい。

軽量化と快適性のバランス

左は「快適スタイル」の荷物を入れた容量65ℓのバックパックで、右は「軽量スタイル」でまとめた容量38ℓ。同じテント泊でも、装備の取捨選択によってこれだけの差が出る

軽量化は当然ながら、その程度を見極める

荷物の「軽量化」は重要事項だ。軽いほど体への負担が減るのだから、荷物が重いテント泊山行の場合、軽量化はますます重要となる。

だが極限まで軽量化すべきとは言いがたい。たとえば寝具類。軽量化しすぎて薄手で保温力が足りない寝袋にすると熟睡できず、翌日に疲れが残る。歩行を楽にしようと軽量化した結果、むしろ疲れがたまってしまっては本末転倒だ。

また、登山の喜びは歩行中だけではない。おいしい山ゴハンの調理やキャンプ地で自由に過ごすのんびりした時間など、テント設営後の山中生活に楽しみを感じている人も多いだろう。

そのために調理器具や食材を充実させ、居住性が高いテントを選ぶのもよい。ランタンやサンダルのような“あれば便利”なものをどれだけ持っていくかはその人次第だが、歩行中は少々荷物の重さを感じても、到着後は快適に過ごせ、ゆっくり休んで元気を取り戻せるのならば無駄とは言えない。

右の写真は「快適性」と「軽量化」で装備を選び分けた際の一例だ。一部の重要装備のみだけで、その重量差は約1700g。着替えの有無や食材の選び方などで、この差はもっと大きくなるが、重要なのは軽量化と快適性のバランスだ。自分なりの理想のレベルを見つければ、テント泊がもっと楽しめる。

快適性重視（装備の一例＝計4257g）

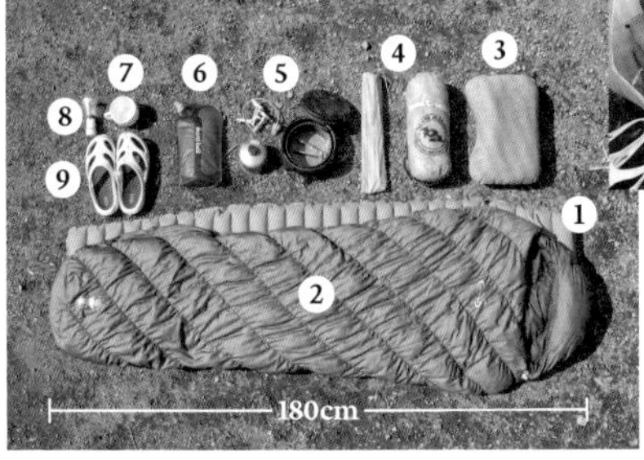

①180cmのマット（514g） ②全身サイズの寝袋（595g） ③枕（150g） ④2人用テントとグラウンドシート（1300g） ⑤クッカーと分離式ストーブ、250缶の燃料（1175g） ⑥テント場用の大型水筒（48g） ⑦カップ（74g） ⑧ランタン（電池込み131g） ⑨サンダル（370g）　※テントは2人用ながらも超軽量タイプのため、それほど重くはない。安眠のために寝袋とマットは全身をカバーできるサイズのものを選び、時間をかけて調理を楽しむために大きめのクッカーと長時間使える250サイズのガスカートリッジを選んでいる。

1人用よりも重量が増しても、あえて2人用のテントをひとりで使用し、内部は広々。余裕をもって荷物を置くことができる。天井も高いので、内部で座ったときも頭上が狭苦しく感じない。テント内部に結露が生じるような気象条件でも、壁から離れて横たわれるので、体が濡れることも少なく、快適に過ごせる。

軽量性重視（装備の一例＝計2525g）

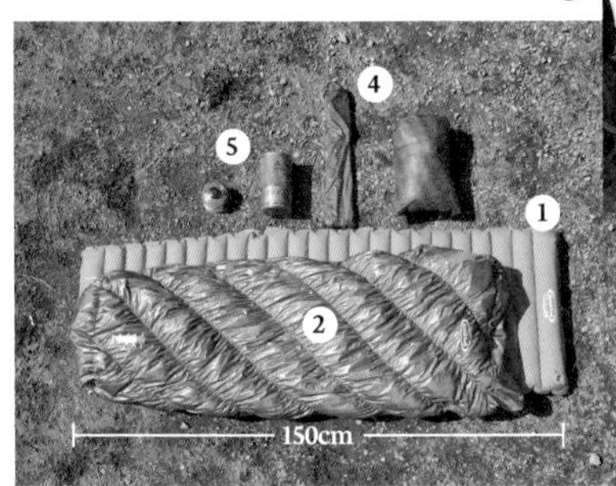

①150cmのマット（441g） ②半身サイズの寝袋（439g） ③（枕は持たず） ④1人用テント（970g） ⑤クッカーとストーブ、110缶の燃料（675g） ⑥～⑨（大型水筒、カップ、ランタン、サンダルは持たず） ※マットは身長よりも短いために、寝転ぶと足がはみ出すが、一般的なものより30cm短くて軽量。半身サイズの寝袋の保温力はそれなりだが、就寝時は上半身にウェアを着込んでカバーする。調理器具はクッカーとストーブの一体型で、ガスカートリッジは内容量が少ない110サイズ。そして、“あれば便利だが、なくても済ませられるもの”は全部省いた。

1人用テントを実際にひとりで使用すると、このような状態になる。内部に横たわると荷物がギリギリ置けるスペースしかなく、天井も低いため頭上にもあまり余裕がない。だが重量は軽く、収納時はコンパクトになり、歩行中の機動力は格段に上がる。テントは寝るためのものと割り切れば、これでも充分すぎるほどだ。

パッキングの基本

重量バランスを考え、必要物を取り出しやすく

パッキングの基本は、「軽いものは下部か外側に」「重いものは上部や背中側に」。具体的には寝袋や着替えなどの軽くてかさばるものをバックパックの下部や外側に入れ、食料やストーブ／燃料などの重いものを上部にもっていく。

こうすると前傾姿勢で歩く腰の上に重心が位置し、体に負担が少なく歩ける。実際はなかなか理想どおりにはいかないが、基本知識として頭に入れておくとよい。

現代の機能的なバックパックは荷重の分散力に優れ、以前ほどは内部での荷物の重さの配分はそれほど気にする必要がない。しっかりとしたハーネスと背面パネルにより、荷物の重さが上半身全体に分散されるからだ。ただし、バックパックの外側に重い荷物を入れることはやめておきたい。歩行中は常に体が後ろに引っ張られるような感覚になり、スムーズに歩けず、疲れやすくなってしまう。

重量バランス以外で注意したいのは、必要なものをすぐに取り出せる場所に入れておくこと。あまり使う機会はなくても、ケガをしたときに素早く取り出したいファーストエイドセットなどは、バックパックのフロントやサイドにつけられたポケットに入れておくのもひとつのアイデアだ。

見た目もスマートなパッキング

バックパック内部に隙間が生まれないように荷物を詰め込んでいくと、必然的にバックパックの外側には凹凸が少なくなり、そのフォルムは美しくなっていく。また、荷物をしっかりと圧縮してまとめず、ただ押し込むだけだと、歩行中にバックパック内部で荷物が揺れ動いてしまい、その揺れを抑えて歩こうとして、無用な体力を使うはめになる。見た目がきれいなパッキングは、行動力をアップさせるためにも重要なことなのだ。

パッキングの基本概念図

パッキングのカギは、バックパック全体の重量のバランスをうまくとることだ。荷物の重心位置が腰の上にくるようにすると重さを感じにくい。行動中に必要となるものはトップリッド(雨蓋)のポケットや外部ポケットなどの取り出しやすい場所に配置する。

以下は、そんなパッキングの考え方を図で表わしたものだ。山岳装備には大小さまざまなものがあり、形状も多様なため、実際はこのように理想的な形ではなかなか収納できないだろう。だが可能なかぎり基本に沿って荷物を詰めていくことで、体の負担を減らして楽に背負えると同時に、素早い行動が可能になるというパッキング方法に近づいていく。

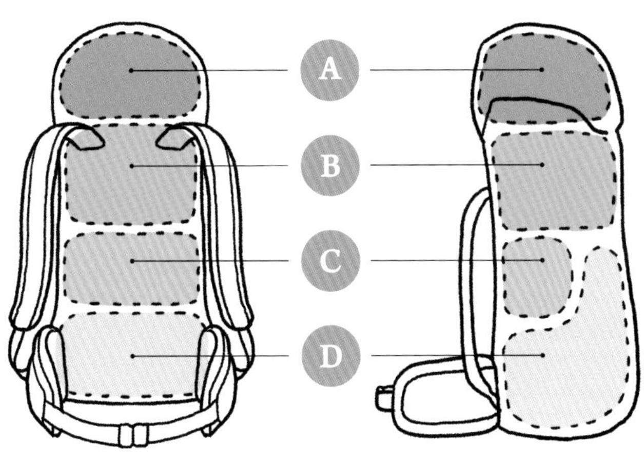

A	行動中、頻繁に取り出すもの	行動食、飲み物、サングラス、サブの地図、バックパックカバー、財布など
B	行動中、すぐに取り出したいもの	レインウェア、ゲイター、ヘッドランプ、軽アイゼン、ファーストエイドセットなど
C	テント場へ到着するまで取り出さない重いもの	テント、クッカー、バーナー、ガスカートリッジ、食材、ランタン、洗面用具など
D	テント場へ到着するまで取り出さない軽いもの	寝袋、マット、防寒着、着替え、サンダルなど

パッキングの応用

詰め込み方ひとつで荷物はコンパクトに

ただ漠然と荷物を詰めていくだけでは、パッキング時に荷物のコンパクト化は進まない。だが効率のよいパッキング方法を取り入れれば、荷物は予想以上に小さく収納でき、サイズが1ランク下のバックパックにも充分に収まる可能性すら出てくる。

まずはバックパック内部に無駄なスペースをつくらないこと。それはクッカー内部も例外ではなく、バーナーヘッドなどを収納するほか、クッカーを"ハードケース"として考え、つぶれやすい食材を保管するのもよい方法である。

各種のスタッフバッグも活用してほしい。特に防水用のドライバッグは濡れては困るものを入れると安心感が高く、使い方次第では寝袋や防寒着を圧縮して持ち運べる。圧縮に特化したスタッフバッグとしては、ストラップを引いて荷物を小さくできるコンプレッションバッグも有効だ。

ところで、一般的なパッキング方法は、荷物を横に寝かせ下から積み上げていく方法である。だが横ではなく、縦に束のように並べて詰め込んでいく方法は実に効率がよい。こうすると装備と装備の間に残る隙間が少なくなり、パッキング効率がぐんと上がるのである。一度試してほしい。

Ⓐ 使用頻度の高いもの

Ⓑ クッカーや食料など

Ⓒ 寝袋やテントなど

縦パッキングで圧縮

効率よい荷物のパッキングのためにおすすめしたいのが、荷物を「縦」に入れる方法だ。装備にはテントや寝袋、マットなど縦長のスタッフバッグが付属するものが多く、上から見ると円状のザック内部にこれらを垂直に詰めていく。そして隙間があれば、そこにも小さなものをドンドン押し込んでいくと、荷物は自然に圧縮され、予想以上にコンパクトに収まる。そのうえで、腰と接する部分にテントなどの重めの荷物、体から離れた外側や上側に寝袋や着替えなどの軽い荷物を入れるように心がけると重量バランスがよい。

スタッフバッグは大型よりも小型

スタッフバッグは容量が大きい大型を使うよりも、小型をたくさん使って小分けにしたほうがいい。大型スタッフバッグはザック内部に詰め込みにくく、無駄なスペースを生むためだ。それに同じ量の荷物でも、小型スタッフバッグに小分けして入れておけば、隙間なく詰め込め、スペースに無駄がない。

クッカー内にも詰め込む

クッカー内部を収納スペースに使うのは基本テクニック。だが、ここに何を詰め込むかが大事である。クッカーと同じ調理系の器具は相性がいいが、到着後まで使わないランタンなどを入れておくのも一手だ。野菜や果物といった生の食材もクッカー内部に入れておけば、つぶさずに持ち運べる。

ドライバッグは圧縮袋にもなる

防水性のドライバッグをうまく使えば内部の空気を抜くことができ、簡易的な圧縮袋として活躍する。ポイントは袋内部の生地の摩擦力を利用すること。押し入れた寝袋や防寒着の生地がドライバッグの生地と擦れあうことで再び滑り出てくることがなく、その結果、内部で圧縮されるのである。

外部ポケットやサコッシュの利用

本当に重要なものをすぐに手が伸びる場所へ

先のページでは、すぐに取り出したいものはバックパックの雨蓋部分や外部ポケットなどのアクセスしやすい部分に収納すべきだと説明した。だが、行動中にこまめな位置確認を行なうために、登山地図やGPSと連動させたスマートフォンなどは、さらに取り出しやすい場所に保管したい。きれいな写真を撮影したい人には、カメラも同様だろう。

その際に出番となるのが、サコッシュや小型ポーチ、オプション品として販売されている外部ポケットなどだ。ショルダーハーネスやヒップハーネスにポケットを標準装備している大型バックパックは多いが、自分にとって使いやすいアクセサリーをプラスするほうが、ストレスなくモノを出し入れすることができる。

ここで注意したいのは、そんなポケット類やサコッシュを「つけすぎない」ことだ。右のページでは、説明のしやすさを重視して大型のポーチ類をあえて複数使用しているが、実際には不必要なほどつけすぎると視界を遮ったり、手足にぶつかったりして、行動の妨げになる。必要最低限のものだけでスマートさを心がけたい。

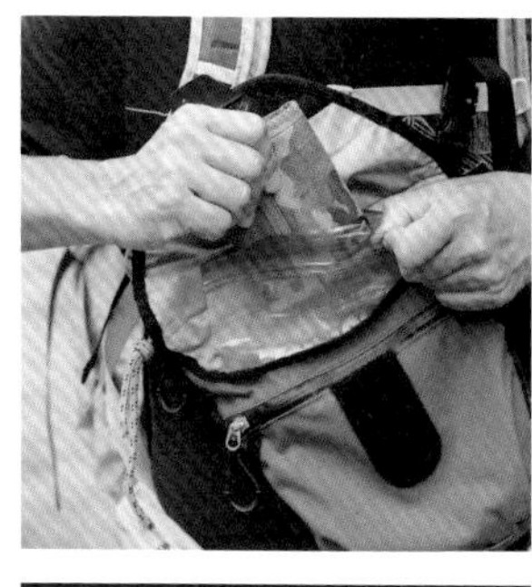

腰元に

腰のあたりに装着して使用するサコッシュやポーチに地図や行動食を入れると、いつでもすぐに取り出せて便利だ。このとき注意したいのは、歩行中にそれらが過度にぶらつかないようにすること。足元が見えにくくなり、転倒の原因になりかねないからだ。おすすめしたいのは、内部には大きめの防水性食品袋や薄手のドライバッグを入れておくこと。突然雨が降ってきた場合でも、すぐに貴重品を濡れないように保管できる。

胸元に

ショルダーハーネスに取り付けて使うアクセサリーポケットは、楽に開閉でき、利き手と反対側に取り付けられるタイプを選びたい。すると、簡単に手が伸ばせるようになり、モノの出し入れが非常にスムーズになるのだ。スマートフォンやコンパクトカメラをここに収納しておくと、突然訪れる写真撮影のタイミングを逃さないですむだろう。このポケットにも防水性の袋を入れておけば、雨濡れに弱い電子機器類をいつでも守ることができる。

クマスプレー

近年はクマの出没回数が増え、クマ撃退スプレーを持参すべき状況が増えている。このスプレーこそ、いつでも手に取れる場所にキープしなければならないものだ。腰元にしっかりと固定しつつ、いざというときは瞬間的に取り外せるようにしておきたい。

「外付け」の危険性

すっきりした外観で危険性を下げる

バックパックには荷物を外付けするための各種ストラップやバックルが付属している。だが、これらを過度に使用することはやめておきたい。遊歩道のように広い登山道であれば荷物を外付けしても大きな問題はないが、日本の山には樹木が生い茂る狭い登山道や体が岩に擦れるほどの難所も多く、バックパックに大きなモノを取り付けているとなにかと引っかかりやすいからだ。それによって体のバランスを崩し、滑落の大きな原因になるばかりか、荷物を落として紛失の恐れも高まってしまう。

安価なことや手軽さから人気のクローズドセルタイプのマットは、岩場やヤブの中では非常に危険だ。難所を通過する計画の場合はほかのタイプを使うか、せめて取り付け方を再考してほしい。もちろん外付けして歩いても問題がない安全な場所もあり、実際には臨機応変に対応すればよいだろう。

サンダルやカップ類はそれほどじゃまにはならないが、衛生面からバックパックへの外付けはおすすめしかねる。テントポールもバックパックのサイドポケットに差して持ち運ぶよりは、内部に収納したほうが紛失防止になる。いずれにせよ、それでも外付けするならば、脱落しないようにご注意を。

マットが滑落の原因に!!

バックパックのボトムに取り付けたマットは非常に危険だ。岩場の下りでは無事に通過したつもりでも最後に大きく引っかかり、体が前のめりになって勢いよく転倒しかねない。転倒だけならまだしも、岩場では滑落の危険が増大し、命を落とす可能性もある。実際に事故も起きているので、避けておきたい。

NG

バックパックへの「外付け」が目立つのは、サンダルとマット。カップをぶら下げる人も多いが、不衛生なだけだ。バックパックに収納スペースが残っていれば、内部にしまったほうがスマートで、なにより安全である。

OK

マットを外付けする場合は、マットに厚みが出ないように半分だけ広げ、背中側へ。これだけでもバックパック外側へマットが出っ張ることをかなり抑えられ、周囲の岩や木の枝に引っかかることが減り、効果的である。

樹木が茂った場所では大きなマットが非常に引っかかりやすい。体力を無駄に消耗するばかりか、歩行中にストレスを感じ、まったくよいことはない。なにより荷物が脱落しやすく、紛失の大きな原因になるのが厄介だ。

サンダルも袋に入れてバックパック内に

山中に片方だけ落ちているサンダルを見たことがある人は多いはずだ。ほとんどの場合、外付けしたものが脱落したもので、紛失防止にもサンダルはバックパックに収納すべきである。外部に露出したサンダルの汚れで周囲に迷惑をかけることもない。収納時はサンダルの水分を吸い取る素材の袋が使いやすい。

Column

テント泊

Q&A 2 計画

Q1

テント泊デビューにおすすめのコースは？

やはり「ベースキャンプ型」でデビューするのがいいでしょう。一例を挙げるならば、北アルプスの上高地。小梨平のキャンプ場はバスターミナルから10分ほどで設備も充実しています。ここから焼岳をめざせば、宿泊はテント泊でも日帰り登山と同様に行動できます。

Q2

日程の余裕はどれくらい必要？

悪天やトラブルに備え、本来ならば「予定日数+1〜2日」の日数が理想ですが、忙しい現代生活では難しいでしょう。予備日が充分に取れない場合は、緊急時はすぐに安全に下山できるコースを選ぶことが肝要です。無理に行動すると事故を起こしてしまいます。

Q3

登山届ってどうつくればいい？

当該山域の警察などのウェブサイトには、登山届のフォーマットが掲載されています。基本的にはそれに書き込めば充分です。また、各種の登山系アプリからも登山届が提出できます。自分にとって使いやすいサービスを見つけると、登山計画もスムーズになります。

Q4

天候はなにで確認する？

現在は、多くの山域で電波を受信でき、スマートフォンの利用が便利です。その際はただ天気予報を確認するだけではなく、天気図にも目を向けましょう。また、山は地形によってその場に特有の天気も出現します。そのあたりは山小屋で聞くとよいでしょう。

Chapter 3

歩き方

装備を準備し、計画を立てたら、あとは行動開始。
バックパックや登山靴を自分の体にフィットさせ、
できるだけ体に負担を与えないように歩いていく。
目的地は、宿泊予定のテント場だ。

出発前の確認事項

バックパックのフィット感

バックパックのハーネスは出発前に、しっかりと体に合わせる。しかし、それでも歩いているうちに少しずつゆるんできがちなので、2日目以降も注意を怠らず、毎日の出発前には充分に再チェックしておきたい。

飲料水

バックパック最上部の雨蓋といわれる部分のポケットに、歩行中に必要な行動食や水を入れておくと、休憩のたびに簡単に取り出せる。水は最低でも1ℓは持ちたい。暑い日は2~3ℓでも足りないことすらある。

登山靴

ただ足に合わせて靴ひもの締め方を調節しておくのではなく、登り坂、下り坂に対応させて微調整させるのが肝要だ。雨のときや小石が多い場所を通過するならば、あらかじめゲイターを巻きつけておくといい。

地図

行動中に何度でも自分の居場所を確認できるように、地図やスマートフォンは立ったままでもすぐに取り出せる場所に入れておく。別売りのポケットやサコッシュ、バックパックのポケットなどを使うと便利だ。

歩き始める前に確認しておくポイント

出発前は、自分の体調や忘れ物などが気になり、誰もが少し緊張するものである。

バックパックやブーツのフィット感は適切か?　行動中に使うものは取り出しやすい場所に入れたか?念入りに自分の状態を確認しよう。行動開始後の再調整は時間の無駄で、同行者にも迷惑をかける。緊急時に素早く対応できるように、携帯トイレやファーストエイドセットは取り出しやすい場所に入れておきたい。

目的のテント場に到着するまで、水場では確実に補給し、途中の山小屋にトイレがあれば立ち寄っておく。地図は常に見られるようにしておき、少しでも不安がある場所では念入りな確認を繰り返す。コースを間違ったことがわかれば、わかる場所まで引き返し、あらためて歩き始めよう。

トイレや水の補給、道迷いの可能性まで含め、時間に余裕をもたせて出発することが重要だ。

トイレ

山中では用を足せる場所が限られる。出発前はもちろんのこと、山小屋に立ち寄った際には、それほどもよおしていなくてもトイレに行っておくべきだ。山ではトイレの使用料がかかる場合が多く、小銭はバックパックの取り出しやすい場所にキープしておく。

携帯トイレ

トイレがない場所で便意を感じたらどうするか？　森であれば小型ショベルで穴を掘り、用を足すこともできなくはない。だが環境面を考えれば、ぜひとも携帯トイレを使いたい。ペーパーとともに、取り出しやすい場所にパッキングしておこう。

飲料水の補給

暑い時期は飲み水の消費が早い。目的地まで足りると思っていても、飲み干してしまうことはよくある。コース上に水場があれば、そのつど補給しておいたほうがいい。フィルム状の水筒は流水から水を汲みにくいので、水をすくうためのカップを用意しておくと楽だ。

ファーストエイドセット

体調の悪化やケガに備え、応急処置具をまとめたファーストエイドセットも確実に用意する。緊急時でも時間をかけずに取り出せるように、ひと目でわかる赤い収納ケースに入れておくとよいだろう。内部が傷まないように防水性のものがベターである。

行動着の基本

帽子

直射日光を頭部に受けると、熱中症の恐れが格段に高まる。落石や滑落の際に頭を守るためにも、帽子は必ずかぶりたい。暑い時期は速乾性の化繊がよく、寒い時期にはウールやアクリルのニットものが温かく感じる。

ベースレイヤー

Tシャツを含む、肌に接して着用するウェア。汗を吸収し、素早く乾燥させる。効率的な吸汗のために体に密着する形状が多いが、暑い時期には風通しがよいゆるやかなシルエットも有用。日焼けや擦り傷の防止には長袖を。

ウインドシェル

夏にはベースレイヤー1枚でもよいが、涼しい季節や高山では防寒用の薄手のアウターを用意しておくと重宝する。レインウェアでも代用できるが、汗をすみやかに放出するにはウインドシェルなどが適している。

行動中の体温上昇を考え少し薄着がちょうどいい

荷物が非常に重いことが、テント泊山行の特徴だ。そのために行動中にはたくさんの汗をかき、体温も上昇しやすい。だから、日帰りや小屋泊の登山のときよりも、少し薄着くらいでコーディネートしたほうが快適に歩ける。

このページでピックアップしているものは、気温の高い夏場の行動を想定した基本的なウェア類だ。

肌寒さを感じる季節には保温性が高い厚手タイプにチェンジしたり、ベースレイヤーの上にミッドレイヤーと呼ばれる薄手の保温着を加えたりと、少しアレンジを施す。それでも寒ければ、さらに防風性が高いジャケットなどを重ね、体温を守る工夫をしたい。このような重ね着はレイヤリングといい、アウトドアウェアのコーディネートの基本となっている。

靴下

ブーツ内で適度なクッション性を発揮する、厚めのものが登山向き。素材はウールが中心で、天然の防臭効果ももっている。一方、化繊素材には速乾性があり、ブーツ内部が蒸れやすい暑い時期に適している。

パンツ

さまざまな丈がそろう。寒い時期や足へのケガを防止するためにはやはりロングだが、ショートタイプをタイツに合わせ、足さばきがよいスタイルも温暖な時期にはいい。素材は乾燥が早い化繊が中心である。

登山靴

雨が多い日本の山ではゴアテックスに代表される透湿防水素材の使用が大前提。荷物が重いテント泊には難路でも体を確実に支えてくれる滑りにくいソールで、足首をしっかり守るハイカットやミッドカットが望ましい。

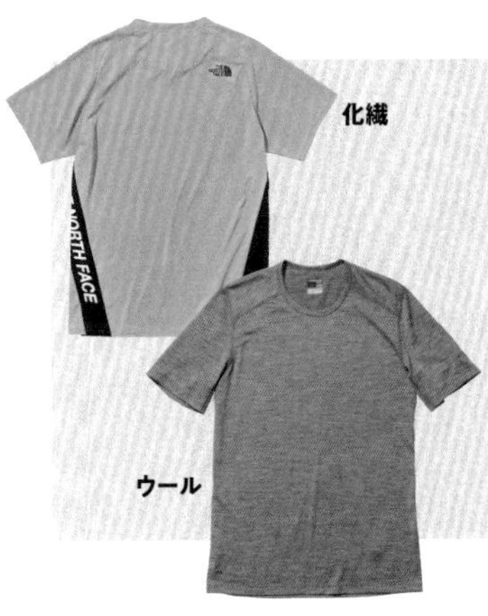

化繊

ウール

化繊とウール

現代のアウトドアウェア、特に肌に直接触れるベースレイヤーや靴下に使われている素材といえば、ポリエステルやナイロンを中心とした化学繊維、もしくは天然のウールである。夏山で大量にかいた汗を迅速に乾かしてくれるのは化繊だが、速乾性が高すぎると寒冷な時期はかえって凍える。ウールは速乾性では化繊に及ばないものの少しくらい汗で濡れていても保温力を保ち、冷涼な春や秋に向いている。季節や好みにより、自分に適したものを選ぼう。

行動着に＋α　その1

レインウェアを筆頭に快適・安全に歩くウェア

前ページで紹介した行動用ウェアにプラスして、用意しておきたいウェア類がいくつかある。

なかでも重要なのが、レインウェアだ。アウトドア用としてはポンチョも根強い人気だが、大型バックパックを背負ったテント泊山行には不向き。ジャケットとパンツが上下セパレートになったスーツタイプが実用的である。

素材は高度な透湿防水性をもつものを選び、外部からの雨を遮断し、内部の湿気を効率よく外に放出するものを探す。それでも行動中の過度の汗は排出しきれないこともあるが、休憩中や到着後も内部の蒸れを逃がし続け、内側に着ているウェアは次第に乾燥していく。雨が多い日本の山では、なくてはならない重要ウェアだ。

機能性で分ければ、タイツは2種類。足の機能をサポートするコンプレッション系タイツと、保温性を向上させるウールや化繊のシンプルなタイプだ。状況に応じて使用するといいだろう。

グローブは手先の保温と保護に役立つが、グローブは細かな用途に応じて驚くほど種類が豊富なアイテムだ。夏場の一般登山には薄手でよいが、防水性や保温力の差によって数種使い分けると、操作性や快適さが格段に向上する。

レインジャケット

汗による内部の蒸れを外部に放出し、反対に外部の雨は内部に通さない透湿防水性素材が、高温多湿な日本の気候に適している。必要時にのみ取り出して着るものなので、バックパック内でコンパクトに収納できるものがいい。

レインパンツ

レインジャケットと同様、快適なのは透湿防水素材だ。丈が短いと足を上げた際に登山靴内に水が入りやすいので注意。また、すべりがよい素材ゆえに大きめを選ぶと歩行中にずり下がりやすい。適度なサイズを吟味しよう。

タイツ

コンプレッション系タイツの利用も定着。段階的な着圧によって足がもつ力を引き出し、疲労軽減の効果も期待できる。ウール素材などはショートパンツに合わせるだけではなく、寒い時期にはロングパンツの下に着用する。

グローブ

水で濡れた手が風に吹かれると、暖かい時期でも指がかじかむ。高山では夏でも薄手のグローブを持っていこう。手をケガから守る効果もある。だが岩場では素手のほうが確実な場面も多く、状況に合わせて着用したい。

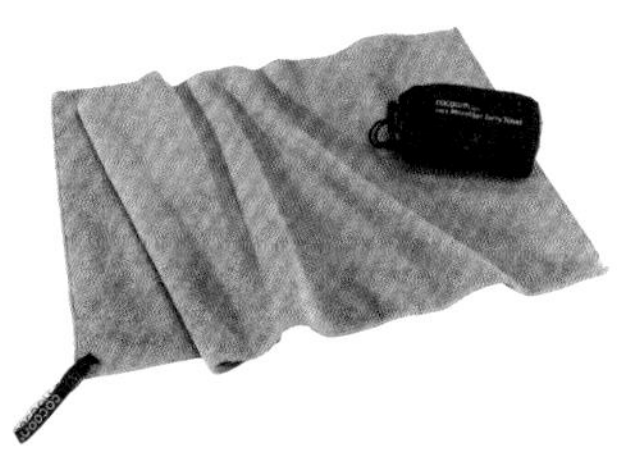

タオル

行動中に滴り落ちる汗を拭き取る。顔面に流れた汗はメガネやサングラスに付着して視界を妨げる原因になるが、タオルで拭き取ることで安全性はアップし、不快感も和らげる。地味な存在だが、意外と重要なのである。

疎水性素材のウェア

水分を吸収しない疎水性のメッシュ状の生地でつくられたウェア類が増えている。その特徴は、肌に付着した汗を弾き飛ばし、その上に着用したベースレイヤーへ移行させ、迅速に乾燥させること。なにより冷えた汗が肌に触れないので寒冷な時期は汗冷えせず、非常にありがたい。一枚あると重宝する

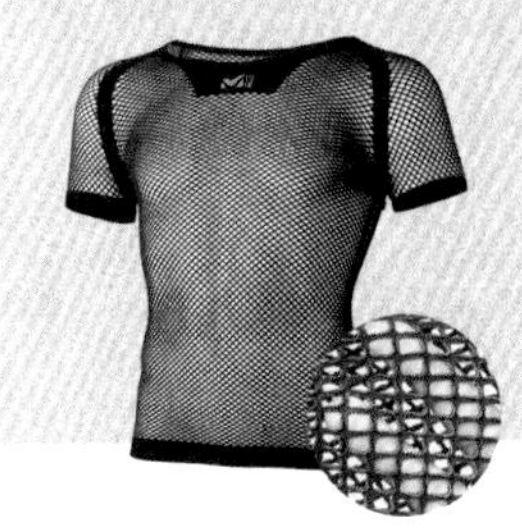

行動着に＋α　その2

歩行中に使う
いくつかの装備類

行動着や登山靴のほか、状況に応じて使うことで安全度を高め、体力を補って行動できる各種装備も把握しておこう。

前方への推進力を生み、歩行時の衝撃を和らげる働きをもつのが、トレッキングポール。両手に持って使用するだけで疲労を軽減できるのだから、体力に自信がない人こそ使用するべきだ。足腰や膝に弱点がある人の強い味方にもなる。

その具体的な使用法は以後のページを参照のこと。使い慣れれば、これほど有用な道具はない。

登山靴に合わせて使うゲイターは雨対策には欠かせない。レインパンツと登山靴のわずかな隙間にこれがあるだけで、登山靴内への浸水を大幅に減らせ、足のコンディションを良好に保てるのだ。

夏でも雪渓が残る場所では軽アイゼンを準備しておこう。爪が4本のものは軽量だが、雪上での安定性に欠ける。6本程度のものが重量と安定性のバランスがいい。細かな爪がついているチェーンスパイクは、軽アイゼンをさらに簡易的にしたような存在である。

危険箇所での安全対策には、やはりヘルメットだ。持ち運びやすいのは軽量タイプだが、少々重くても確実に頭部を守れる強度のものを選ぶとよいだろう。

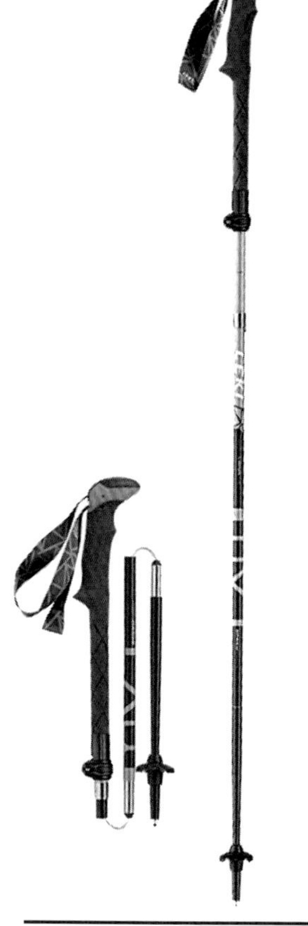

トレッキングポール

両手に持って歩くことで推進力を増し、下り道では膝への衝撃を緩和する。いわば人間を二本足歩行から四本足歩行に変える道具であり、使い方を充分にマスターすれば体に負担が少ない登山を行なえるようになる。現在は3段階程度に短く折れるものが主流となっており、使用しないときはコンパクトだ。

軽アイゼン、チェーンスパイク

4～6本程度の尖った爪をもち、登山靴と合わせて使用するのが、軽アイゼン。その軽アイゼンよりも小さい爪が金属製のチェーンに大量につけられているのが、チェーンスパイクだ。どちらも残雪や雪渓を歩くルートでスリップを防止し、安全には欠かせない。なお真冬の積雪期には本格的なアイゼンが必要だ。

ヘルメット

滑落や落石に備え、岩場を通過するコースでは、ヘルメットの着用が当たり前になっている。使用しないとき、硬くて丸い形状は収納しにくくてじゃまだが、安全には代えられない。一部、折りたたみ式でも充分な強度をもつタイプもあるが、少々重くなるのが難点である。山域によっては山小屋で貸し出し用を用意している。

ゲイター

登山靴の上にぐるりと巻きつけて使う装備で、スパッツともいわれる。降雨時はレインパンツの下に着用することで雨水が登山靴の内部に入るのを防ぎ、砂礫が多い場所では小石が侵入するのを防止する。ロングやショート、ミドルなどの長さがそろい、蒸れにくい防水透湿性素材のモデルも高い人気をもっている。

カサ

強風にも耐えられるアウトドア用のカサも販売されている。バックパックを覆ってしまうほど大きなタイプは歩行中でも使え、レインジャケットのような蒸し暑さを感じずにすむ。使用できるのは風が弱いときだけだが、意外と便利だ。

登山靴のタイプと合わせ方

山域や体力に合わせ 適切なタイプを選ぶ

登山靴は登山における最重要装備のひとつだ。メーカーにより足型の種類はさまざまで、自分に合うモデルを見つけることが快適な歩行への第一条件である。

そのタイプは各種そろい、春や夏の残雪程度を含む無雪期であれば、右の写真のような3タイプが歩きやすい。

強靭なライトアルパインブーツは重い荷物でも体が安定するが、重量はかさむ。その結果、疲れを感じてしまう状況も多々あるが、難路や長距離縦走時はむしろバランスを崩さずに楽に歩け、疲労を抑制する場合も多い。

軽量さと柔軟性を兼ね備えたトレッキングブーツは多様なシチュエーションで使いやすい。急峻な岩場や雪の上ではライトアルパインブーツにはかなわないが、一般的な登山道では充分に安定感を得られる。少々重いテント泊装備でも問題なく運べるだろう。そして、アプローチシューズは、上記2種の中間的ポジションである。

最近はテント泊登山の際に、軽量なトレイルランニングシューズを選ぶ人も増えている。だが、足を守り、サポートする能力は限定的だ。よほど慣れた人が履くのは否定しないが、初心者はここで紹介したもののほうがよいだろう。

ライトアルパインブーツ

レザーやナイロンのアッパーは非常に強靭で、ソールも硬い。そのために柔軟性は少々低いが、その代わりに足をしっかりと守る。岩場や雪が多い場所の上でも安定し、重い荷物を背負った長距離縦走にも向いている。

トレッキングブーツ

アッパーやソールの柔軟性が高く、足さばきがいい。ハイカットやミッドカットタイプは足首までホールドし、軽量なわりに荷物の重さを充分に支える。岩場などの難所の通過がなければ、テント泊山行にちょうどよい。

アプローチシューズ

本来はクライマーが目的とする岩場までのアプローチに使うタイプで、ライトアルパインシューズのような堅牢さと、トレッキングブーツのような軽やかさを併せ持つ。履き慣れてくれば、テント泊登山にも充分使える。

登山靴の合わせ方

最初に登山靴をかかとで立てるようにして、かかとを登山靴内のヒールカップに合わせる。このかかとの位置がとても重要で、最後までこの部分をずらさずに靴ひもを締めていく。

つま先からゆるみがないように足首の屈曲部までしっかりと締め上げる。内部で足がすべると靴擦れの原因にもなり、少しキツめだと思うくらいがちょうどいい。

登りの場合

足首の屈曲部までフィットさせた後、その上までは隙間が少し空くくらいにゆるやかに締める。こうするとブーツ内の足はずれず、しかし足首は曲がり、急な登り道で歩きやすい。

下りの場合

足首の屈曲部までの締め方は、登りと同様だが、下りではいちばん上まで締め上げる。足首の曲がりが抑えられて体重と荷物の重さを足が受け止めやすくなり、捻挫もしにくい。

右は下りに合わせて、いちばん上までしっかりと締めつけてあり、左は登りに合わせて、足首の屈曲部より上は少しゆるめに締めている。この違いが歩行中の歩きやすさを左右する。

長い靴ひもの処理

足の甲が狭い人は付属の靴ひもでは長すぎることがある。また下り道に合わせて締め上げると余る場合も出てくるが、そのまま履いていると余分な靴ひもが周囲のものに引っかかり、転倒の原因になる。その際は靴ひもを二重に蝶結びにしたりして、短くまとめたい。

バックパックの合わせ方

トップスタビライザー

肩の上でバックパック本体とショルダーハーネスをつなぐ、細いストラップ。これを引くとバックパックが背中に近づき、荷重が背中全体に乗り、重さが分散されやすくなる。

チェストストラップ

バックルで胸の前で留め、ショルダーハーネスを体の前方で固定するストラップ。バックパック本体のブレを防ぐ効果が高まり、背負った荷物が安定する。

ショルダーハーネス

厚みのあるパッドが入り、肩を中心に荷物を体にフィットさせ、荷物の重さを支える働きをもつ。ヒップハーネスとともに最重要パーツのひとつだ。

ヒップハーネス

幅が広いパッドで腰骨を覆うように留め、荷物の重さの大半を受け止め、バックパックの機能性を大きく左右する最重要パーツ。この表面にポケットをつけているモデルが多い。

ヒップスタビライザー

バックパック本体とヒップハーネスをつなぎ、バックパックを体に引き寄せる。同時に歩行中にバックパックが左右に揺れ動くのを抑制し、疲労を緩和させる。

適したサイズを購入し、正しいフィッティングを

大型バックパックは肩で背負うものではなく、荷重の大半は腰のヒップハーネスにかかる。重心が腰の上に位置するのが理想的で、身にまとうようにバックパックを背負うと体に負担がかからない。

体にしっかりと合わせるために、大型モデルにはS～Lなどのサイズ展開があり、首から腰骨までの背面長と腰回りの太さによって、自分のサイズを決定する。さらに大半のモデルは背面長を微調整できるが、せいぜい数センチのみの範囲。それ以上は購入後に合わせようがないので、あらかじめ正しいサイズを選ぶことが重要だ。

入手したものをさらにしっかりとフィットさせる方法は、右ページを参照。正しく調整できれば歩行時にバックパックが左右に振れず、疲れも少ない。

すべてのハーネスとストラップをゆるめて背負い、それからヒップハーネスの幅の中心部分に腰骨の位置を合わせ、ベルトを引く。こうしてはじめに腰回りをフィットさせる。

次にショルダーハーネスのベルトを引き、肩から胸にかけて隙間がないようにフィット感を調整していく。引きすぎると肩に無用な負担がかかるので、あまり強くフィットさせなくてよい。

トップスタビライザーを引き、バックパックを体に引き寄せる。このとき、左右同時にストラップを引き、均等にバックパックを引き寄せるようにすると、全体のバランスがよくなる。

さらにヒップスタビライザーを引き、バックパック下部も体に引き寄せていく。ここまでくれば、荷物の重さの大半がヒップハーネスにかかっていることが実感できるだろう。

チェストハーネスを留め、苦しくない程度に長さを合わせる。チェストハーネスの位置は鎖骨よりも5㎝ほど下がよいが、自分の体に合わせて微調整しよう。

フィット感を調整し終わった状態。このまま体を上下左右に振ってもバックパックが大きくずれず、体のどこかに大きな負担がかかっている感じがしないようであれば、これで完了である。

バックパックの背負い方と防水対策

腰に負担をかけず、できるだけラクに背負う

重いバックパックを背負おうとして、ギックリ腰になってしまったという話は珍しくはない。多くの場合、一気に荷物を地面から引き上げようとして、腰へ過度の負担がかかってしまったことが原因のようである。

そこで、大型バックパックを背負うときは、体に不自然な力がかからないように注意したい。

近くにベンチやイス、大きな岩などの「台」として使えるものがあれば、いったんそこへバックパックを乗せて、それから背負うという方法がとれる。はじめからバックパックの重心が高いために、腰へ無駄な力をかけてバックパックを持ち上げる必要はない。

だが、台になる手頃なものがなければ、その場でただ背負うしかなくなる。

少しでも体へ負担をかけないようにするのならば、右の写真の一連の動作のように、はじめに太ももへ上げた状態から、リズミカルに荷物を背負うこと。慣れればすぐにできるようになる。

バックパックの防水性を上げる一般的な方法は、防水カバーをかけることだ。だが、大雨のときほどパックライナーの防水力の確実性は捨てがたい。どちらの方法を選ぶのかは、個人の好みにもよる。

ラクな背負い方

1

まずはバックパックを両手で地面から一気に持ち上げ、いったん片方の太ももの上に乗せてしまう。

2

太ももに乗せていたバックパックを反転させながら、片方の腕をショルダーハーネスのなかに通していく。

3

その勢いのままにバックパックを背中で受け止める。だが、まだ片腕で支えている状態である。

4

次に逆側の腕も通し、両肩の上にショルダーハーネスを位置させ、ハーネス類を留めていく。

5

これで完了。はじめにバックパックを太ももの上に乗せることで腰への負担を減らした方法だ。

近くにベンチなどがあれば、まずはそこにバックパックを乗せ、両肩を通してから背負うという手もある。

バックパックの防水

バックパックに収納した装備類を防水する方法は、大きく分けて2つ。下の写真の右のように外側に防水カバーをかける方法と、左のように内部で超巨大なドライバッグともいうべきパックライナーを使う方法だ。手軽さでは前者が、確実性では後者が秀でている。

パックライナーを入れたバックパックを上から見ると、荷室いっぱいにライナーが広がり、すべての荷物が防水されていることがわかる。

防水カバーをかけた状態。荷室は完全に覆われているように見えるが、背中側はカバーされず、雨水で濡れる。

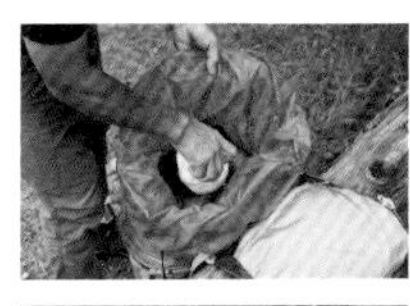

パックライナーを内部で使用した状態。ここからライナーの上部を丸めて留め、内部への雨水の浸透を防ぐ。

テント向けの大型バックパックに合うパックライナーは巨大。生地に余裕がないと内部で引きつれ、荷物がうまく入らないためだ。

トレッキングポールの使い方

平地

腕を直角に曲げた高さがグリップの位置。この高さを基準に登り坂、下り坂のグリップの位置を調整する。だが、実際にはこの長さでは扱いにくく感じる人も多く、いくぶん短めに調整すると使いやすくなる。

登り坂

平地よりも握りこぶしひとつからひとつ半ほど短く調整する。登り坂では自分が立っている場所よりも高い位置にトレッキングポールの先端を突くことが多く、短めに調整したほうがポールを動かしやすいからだ。

下り坂

登り坂とは反対に、握りこぶしひとつからひとつ半程度長くする。下りではトレッキングポールの先端を低い位置に突かねばならないが、長めにしておけば簡単に地面をとらえることができるのである。

適切な長さと握り方で効果的に使う

　トレッキングポールは非常に有用だ。2本のポールに荷重を分散し、前に傾きがちな体を起こして重心のバランスを保ち、足腰への負担を格段に減らせるからである。

　平地では前方への推進力を高められる。いわば脚力に加え、腕力も使って歩行できるわけだ。

　ただし使い方を間違えていると効果は低く、むしろトレッキングポールをうまくさばききれず、腕が疲れる原因になる。まずはストラップの正しい通し方を覚え、無用な力を使わないようにしたい。

　トレッキングポールは自然な腕の振りだけで前に運ばれる長さが使いやすい。長すぎると腕を高く上げてポールを移動させねばならず、肩や腕が疲れる。これまでの使用時に違和感があれば、短めに調整することを試してほしい。

平地や林道などの平坦な場所を歩く場合。腕は直角よりも少し広げ、トレッキングポールの先端は体の横に突くのが、基本的な姿勢だ。

歩行開始時にはいったんトレッキングポールを体の少し前に突き、体重をかけながら体を前に押し出していく。体はわずかに前傾する。

そのまま体を前に押し出し、トレッキングポールに角度をつけて地面側に倒しながら、腕に力を入れ、さらに体重をかけていく。

体を前に押し出し終わったら、今度は反対側の腕を前に振り上げていく。その後は同じ動きを交互に繰り返し、前方へ進んでいく。

ストラップの通し方

ストラップを通してグリップを握る正しい方法は右の写真。だが、この握り方をせず、ただ手首に掛けて使っている登山者は多い。だが、それではポールに体重をかけるために、グリップを強く握る必要があり、次第に疲れてくる。しかし正しくストラップを通せば、たとえグリップを握らなくてもストラップに体重をかけていくことができ、ラクに使えるのである。

トレッキングポールの使い方「登りと平坦」

通常の登り方

荷物の重さを腰の上に乗せ、体を前傾させる。このまま歩幅を狭くして前に進む。体を水平に移動させるイメージで歩くと脚の筋力を無用に使わずにすむ。疲れが進むと写真のように体が傾きすぎ、腰に負担がかかるので注意。

トレッキングポールを使う場合

平地の歩き方とほぼ同じだが、歩幅を狭くして、一歩一歩の高低差を少なくすると歩きやすい。トレッキングポールを使い、腕にも荷物の重さを分散させると体をあまり前傾させる必要がなく、腰や背中への負担が緩和する。

腰の負担が少なく、腕の力を利用した登り方

登り坂では平地や下り坂以上に脚の筋力を使う。一方、普通に歩いていれば腕の筋肉は使わない。

だがトレッキングポールを使えば、腕の力も利用できる。ポールに体重を預け、足の動きとともに腕を強く伸ばせば体を上に移せるのだ。上体も自然に立ち上がり、腰への負担も減少する。特に登山道に大きな段差がある場所で大きな力を発揮する。

このときの使い方には大きく分けて２つあるが、一般的な方法は右ページの「2」。だが「1」の方法もぜひ試してもらいたい。トレッキングポールを持った腕を最後には一直線になるまで伸ばすのがポイントで、中途半端に曲げたままで体を上げていく「1」よりも腕の力を最大限に使え、ラクに体を持ち上げられるはずである。

大きな段差を登る(1)

段差の前に立ち、2本のトレッキングポールを体の真横に突いて体重をかけていく。そして、一方の足を段差の上にかける。

腕を伸ばしながら体を上に移動させ、下に残していた足で地面を蹴り上げる。こうすることで、体の重心を段差の上にもっていく。

体が持ち上がったら、両手のトレッキングポールを引き上げる。このとき、ポールが周囲に引っかからないように注意する。

大きな段差を登る(2)

トレッキングポールを段差の上に突き、一方の足を上にかける。2本のトレッキングポールは肩幅くらいの間隔だと力を入れやすい。

上の足に体重をかけるとともに、段差の下にある足で地面を蹴り上げる。同時に両腕に力をこめ、体を引き上げていく。

そのまま体を段差の上に移動させる。これらの動作の最中、強い力がかかるトレッキングポールの先端は、滑らない場所に突こう。

トレッキングポールの使い方「下り」

通常の下り方

上体を垂直気味に保ったまま、一方の足を前方に出す。このときに反対側の足は折り曲げて体を低くすると、前方に出した足が自然に地面に近づき、衝撃を少なくして地面に足を置くことができる。これを交互に繰り返す。

トレッキングポールを使う場合

基本的にはトレッキングポールを使わない場合と体の動きは同じ。だが足を着地させる前にトレッキングポールを前方に突くことで、足への衝撃が緩和される。後方に残した足も大きく曲げずにすみ、筋肉の疲労も少ない。

衝撃を和らげ、体にやさしい下り方

多くの場合、登山の最後は下り坂だ。下り坂では想像以上の衝撃が足にかかり、筋力が弱い人ほど自分の体重と荷物の重さを支えきれず、膝に大きな負担をもたらす。

トレッキングポールを使わない通常の歩き方ならば、体の重心を後ろに残し、前方に出した足が軟着陸するように心がける。足に衝撃が伝わらなければ疲労は少ない。

その点、ポールを利用すれば、下り坂は劇的にラクになる。2本のポールに体重を預けることで、膝への衝撃は激減するはずである。

緩やかな下り坂でもポールは有用だ。下り坂ではいつのまにか歩行スピードが上がって疲れることがあるが、ポールを前方に突けば体の勢いを制御でき、適度なスピードで坂を下れる。転倒の防止にもなり、安全性も向上するだろう。

大きな段差を下る

はじめに両方のトレッキングポールの先端を段差の下の地面に突く。その後、体重をポールのストラップにかけていく。

体重を完全にトレッキングポールのストラップに預け、片足を下ろしていく。それから腕の力を抜いていき、着地に入る。

片足が地面に着いたらトレッキングポールにかけていた体重を足に移し、段差の上に残していたもう一方の足も地面に下ろしていく。

リズムよく下る

トレッキングポールを前方に突くと同時に反対側の足を前に出し始める。グリップはゆるめに握ると、さばきやすい。

足を前に出し終わったら、すぐに同じ側のトレッキングポールを前に差し出していく。もう一方はそのままの状態だ。

前方に差し出したトレッキングポールを前に突くと同時に、反対側の足を前に出し始める。これを左右で繰り返す。

この動作をリズミカルに行なえば、歩行速度が上がるだけではなく、膝への衝撃が緩和されるため、転倒も少ない。

休憩とエネルギー、水分補給

休憩のタイミング

1時間に1回程度、5～10分程度の休憩を定期的に取り入れると、行動にリズムが出る。しかし登山道は登りと下りで疲れ具合が異なる。無理に時間を決めず、"疲れたら休む"のも悪くない。ただし一度に長く休むと、再び動き始めるのが億劫になる。

歩行中も継続して行なうエネルギーの補給

長い行動時間が見込まれるテント泊登山の際には、途中で長い休憩をとり、わざわざ昼食を調理して食べることは少ない。その代わりに行動中のエネルギー補給の中心となるのが、「行動食」だ。その種類はさまざまで、市販のエナジーバーのようなものからパンやおにぎり、お菓子類まで含まれ、休憩中などに食べやすい携行性に優れた食品類と考える。行動中に消費するカロリーを補い、ミネラル分が多いものが適しており、行動食だけでは得られない栄養分は朝と夜の食事でたっぷりと補いたい。

行動食は一度にたくさん食べるものではなく、少しずつエネルギーを体内に取り入れていくものである。一度に食べる量が少なければ時間もかからず、胃にも負担がかからないため、その日の行動には大きな影響を与えない。

行動食とともに休憩中に補給したいのは飲み水だ。水場ではボトルなどに補給しつつ、その場でたっぷり飲んでおく。だが登山地図に記載された水場ですら汚染され、そのままでは飲用に適さないこともある。その際、浄水器さえあれば、飲み水の確保は容易だ。ひとつ手元に置いておくとよい。

浄水器

生水を飲むと寄生虫のエキノコックスに感染する恐れがある北海道を中心に、浄水器が重宝する。写真のようなボトルタイプは気軽に使えるが、テント泊用の飲み水を確保するには、フィルターと大型水筒をチューブでつないだタイプの浄水器がいい。大量の水を短時間で得られ、使い勝手は抜群だ。

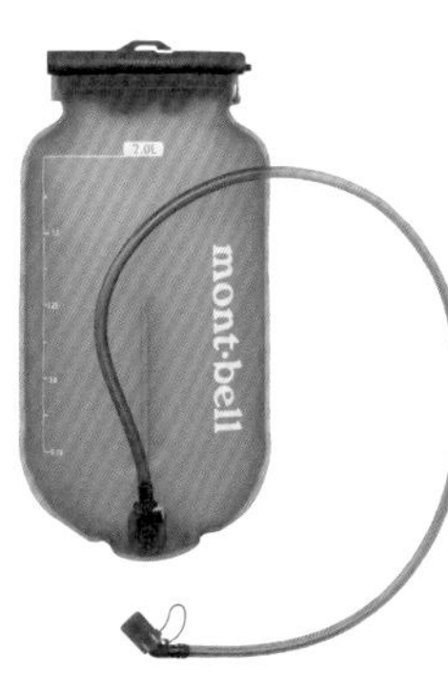

ハイドレーション

水分補給の理想は、喉が渇く以前に充分な水を体内に取り入れること。だがボトルは行動中に取り出しにくい。そこで、大型水筒にチューブを組み合わせたハイドレーションシステムならば歩行中でも水を飲むことができる。水筒部分はバックパック内に収納して見えないため、水の残量には注意してほしい。

行動食の一例

お菓子やナッツ、ドライフルーツ、そして汗によって失われた水分とミネラル分を素早く補給できるスポーツ飲料やキャンディー類など。行動中のエネルギーを確保するには糖分が多いものがよく、汗をかく登山中にはミネラル分も重要で、塩辛いものも用意したい。

現地での地図とアプリの活用

登山地図

昭文社『山と高原地図』、山と溪谷社『ヤマケイ登山地図』などが市販されている。そのほか、各地の自治体や観光協会が発行しているものも多く、一部は現地の販売店や通信販売でしか手に入らないものもある。登山情報に特化した使いやすい地図だ。

山中ではアナログな紙の地図が不可欠

登山の計画を立てる際に最も重要なのは、目的の山域の地図だ。その重要性は山中へ入ってからも同様で、地図なしで登山をすることは絶対に避けたい。登山道には道標があり、それに従って歩けば問題ないと考える人もいるが、ひとたび道迷いを起こすと、自分がいる場所すら見当がつかなくなる。

先のページでも述べたように、今は地図の電子化が進み、それに伴って各種のアプリやウェブサイトが進化している。特にスマートフォンによってGPSと連動した情報はもはや紙の地図以上の価値があり、登山者ならば全員スマートフォンを山中で活用すべきだ。

山中でスマートフォンを使用する場合、ひとつの問題がディスプレイのサイズである。自分がいる場所の詳細を確認するのには問題がないが、周囲全体を把握するのが難しい。テント場がどこにあるのかわからないとき、小さなディスプレイ上をあれこれ探しまわるのは面倒だ。雨天のときの操作性の悪さも問題である。

だから、どんな場合も紙の地図を併用して使うことが大事だ。バッテリー切れや故障もなく、安全対策には間違いがない。

地形図

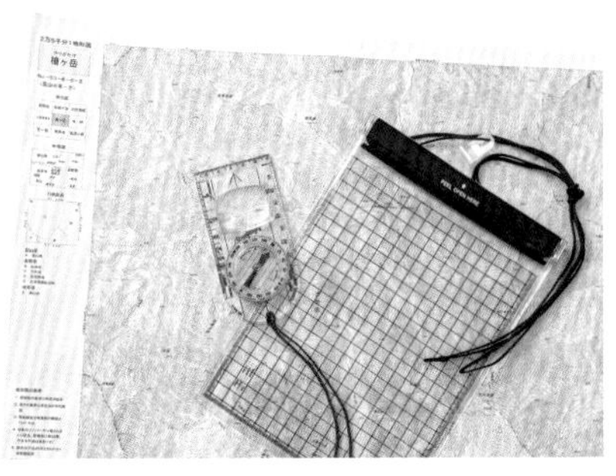

国土地理院発行で、日本の地図データの基礎となる。それだけにシンプルで、地形を読み取るのには都合がいい。しかし市販の登山地図からは削除されている廃道や古道も幅員1.5m未満の道路として記載され続けていることが多く、現地で戸惑う原因となることもある。

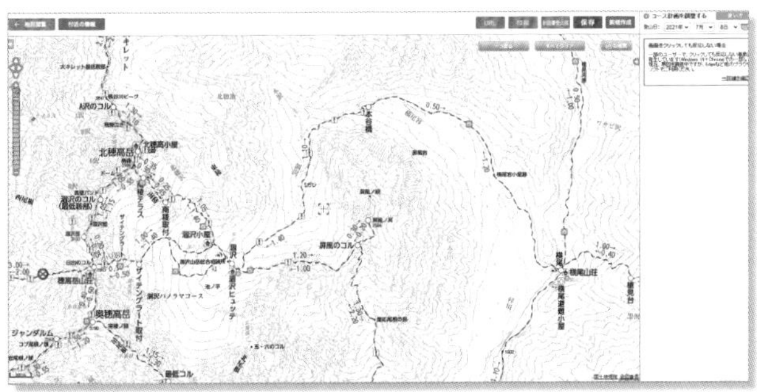

マップデータ

『山と高原地図』などを電子化したものに加え、『ヤマタイム』『YAMAP』『ジオグラフィカ』といったアプリやウェブサイト中心のサービスが増えている。『ヤマレコ』のような既存のさまざまなサービスとの連携も多く、使いこなせばこれ以上頼りになるものはない。

アプリ

地図情報は言うまでもなく、山の天気、保険関連、登山届、登山計画、標高、山座同定など、あらゆるサービスが開発されている。GPSと連動しているものが多く、現地では非常に役立つ。自分にとって使いやすく、正しい情報が得られるアプリを見つけたい。

北海道・大雪山系はテント泊登山を愛する者にとって、天国のような場所。夏でも涼しい風が吹き、テント場の周辺にもワイルドな自然が残っている。

池にたまった水でも、浄水器を使えば飲むことができ、調理にも利用できる。普段は使わない道具を使って生活するのも、テント泊登山のひとつの楽しみなのだ。

自分の足で山中を歩き、テントに泊まり続けた山の旅がもうすぐ終わる。夕方の淡い光のなかで、次はどの山に行こうかと、あれこれ夢想する。

Chapter 4

テントの設営方法

その日のテント場に到着したら、一安心。
持参したテントの能力が最大に発揮されるように
正しい方法と手順でテントを設営していく。
「基本」を身につければ悪天候でも大丈夫だ。

テント場へ到着後にすべきこと

受け付け

テント場を管理している山小屋があれば、設営前に受け付けを済ませる。山中のテント場は1泊当たり500〜1500円程度の料金が多く、現金を用意しておく。テントを張る場所を指定されることもあるので指示に従う。

水場での水汲み

日本の夏山では午後になると雨が降ることが多く、夕方までのんびりしていると水を汲みに行く前に大雨になることが珍しくない。水は設営直後に汲んでおく癖をつけよう。水場がない場所では小屋で購入する。

トイレの場所の確認

暗くなる前にトイレの場所を確認。トイレはテント場から離れていることもあり、日が暮れてからだと見つけにくくなるからだ。いっしょに代金もチェックし、用を足すときに忘れずに持っていくようにしたい。

所用はすべて済ませゆっくりと休む

目的のテント場に到着したら、はじめに行なうのは受け付けだ。同時に水場やトイレの場所も確認する。山小屋には周囲の登山道の詳しい情報が集まり、翌日のルートのことも聞いておくと安心だ。

一部のテント場を除き、テントを設営する場所は基本的に早い者勝ちである。好みの場所にテントを張るには、できるだけ早く到着するしかない。遅く到着すると人気山域ではテントを張る場所すらなくなってしまい、小屋に泊まらざるを得ない場合もありうる。

大半のテント場は山小屋によって落石などの危険要素はほとんど排除されている。だが森林限界を超えた高山では、どうしてもテントが強風にさらされる。天気予報や山小屋の情報から風向きを推測し、できるだけ風雨に強いポイントを見つけ、テントを設営しよう。

天気が急変する山では、天候の悪化に備え、水は早めに汲みに行っておく。トイレも我慢せず、こまめに行っておくべきだ。

山中のテント場ではトイレ代がかかる。水が乏しい場所では飲み水を購入する。多くの山小屋はオンライン決済が進んでおらず、小銭を用意しておくとスムーズだ。

テントの設営場所

日本の山のテント場、キャンプ指定地の大半は整備が行き届き、落石が直撃するような場所はほとんどない。だが強風を受けて吹き飛ばされるような可能性は残り、そこが快適かどうかも別の話だ。雨水がたまりやすかったり、凹凸が厳しかったりする場所はできるだけ避け、居心地のよい場所を見つけよう。

風が強い場所

悪天候時にも安心なのは木立の中だが、茂みの間の広い空間は、かえって強風の通り道になる可能性もある。そして森林限界を超えた稜線上は強風が当たり前だ。テント場の風の流れを予想し、安全度が高い場所を選びたい。

雨がたまる窪地

晴れているときには広くて快適そうに見えても、ひとたび雨が降ると水たまりになる設営地は多い。また雨水が川のように流れる場所もあり、降雨時の水の流れを予想しつつ、雨が降っても水はけのよい場所を探す。

凸凹が激しい場所

高山ではテント場の地面が岩や石で覆いつくされていることも多い。凹凸が大きいと寝心地が悪く、鋭利な岩が下にあるとテントに穴があく恐れも出てくる。せめて体を横たえる分だけは平坦な場所に設営したい。

立ち入り禁止地帯

テント場の近くには植生保護や危険箇所があるために立ち入りを禁じている場所があるかもしれない。どんなにテント場が混雑していたとしても、そんな場所へロープを越えて入り、テントを設営してはいけない。

テント場でのルールとマナー

混雑期のキャンプ地

夏の人気山域のテント場は混み合い、歩く場所がなくなることも多い。混雑が予想される場所や時期に山へ入るならば、テントはできるだけ小型を選ぶ。大きなテントは快適だが、無用なスペースを占め、ほかの人がテントを張れずに大ひんしゅくを買う。

街での生活と同様に迷惑をかけない行動

山中でテントを設営できる場所は限られている。しかもほとんどのテント場はそれほど広くないので、その小さな世界で暮らすためのルールとマナーは守りたい。

基本的にはキャンプ指定地以外の場所にはテントを張らない。積雪期の山や沢登りの際など、グレーゾーンといえる状況もないわけではないが、登山者が多い時期は動植物が成長する時期とも重なり、植生保護のためにも自制すべきである。山域によってはキャンプ指定地が特に定められていない場所もあるが、その際も環境に負荷をかけない場所選びが望まれる。

テント場では、たとえ早く到着して好きな場所が選べる状況でも、後から到着する人のことを考え、無用なスペースは使わないようにする。混雑する時期には、後からテントを移動し場所を空けなければならない事態にもなりかねず、あらかじめ注意しておくべきだ。

テント場では就寝時間も起床時間も早く、日暮れとともに寝て、夜明けとともに起きるのが普通である。自分の計画に沿って日の出前に行動するのは自由だが、大きな音を立ててほかの人の迷惑になることだけは慎まねばならない。

キャンプ指定地

自然環境を守るために、国立公園内の山などには「キャンプ指定地」が設けられている。この場所以外は基本的にテント設営は禁止で、指定地に登山者を集中させることで、それ以外の場所の自然に負荷をかけないようにしている。緊急時のビバーク以外は、このキャンプ指定地を利用するのが大前提だ。

設営するポイント

いくら広くて平らな場所でも、テント場の通路になっている場所はほかの人の迷惑になる。夜になると見えにくくなった張り綱やペグに引っかかってつまずく人も現われ、安眠を妨げられて自分自身も不快な思いをするだろう。ほかの人との距離感を考え、行動のじゃまにならない場所を選びたい。

ゴミは自分で持ち帰る

山小屋に設置されたゴミ箱は小屋に宿泊した人だけが利用でき、テント泊者は使えない。ただし小屋で購入した飲料のペットボトルは回収してもらえることが多い。しかし山中でのゴミ処理の基本は、すべてのゴミを自分で持ち帰ることだ。においや水分が漏れにくいゴミ袋を持参したい。

お湯は捨てない

パスタの茹で汁を熱いまま周囲に流す人は意外と多い。だが、これは土壌を汚すだけではなく、地中の微生物を死滅させる原因になる。湯煎に使っただけのきれいなお湯ならば、冷やしてから捨てられるかもしれないが、パスタの茹で汁などはスープなどにして飲み干してしまうほうがいい。

夜は早めに就寝する

山の夜は早い。翌日は夜明け前から行動する計画を立てている登山者も多く、登山で生じた体の疲れもあって、日暮れとともに眠りにつく人はとても多い。テントの壁はすべての音が筒抜けで、夕方以降は話し声を控えめにしてもうるさく思われるほどだ。大きな音を立てないように注意しよう。

朝の準備も静かに

早朝から行動する場合、テントの撤収は夜明け前になる。すでに起きている者にはなぜか気づきにくいが、テントを撤収するときの物音や話し声はまだ寝ている人には非常に耳障りで、夜以上に不快な思いをすることもある。足音すら響かせないように、静かに出発準備を行なおう。

テント設営時の理想形

フロアを固定することがテント設営の最重要項目

キャンプ地に張られたテントを見ていると、メーカー推奨の正しい設営をしているテントは非常に少ない。多くの人は説明書を読まず、我流でテントを張っているのだ。自分は知っていると思い込まず、あらためて設営方法を確認したい。今は各社のウェブサイトから設営方法を動画でも学べる。

いちばん多い間違いは、地面に接するテントのフロア部分にペグを打たず、ポール中央付近から延ばした張り綱だけで固定することだ。するとＰ96で詳しく後述するように、強風を受けるとポールが極端に湾曲し折れてしまう。

テントを地面に固定する際は、「フロアがメイン」、ポールから延ばした「張り綱はサブ」と考えたい。最初にするのは、地面に接するフロア部分を均等に引っ張り、四隅をペグで確実に固定すること、その後、張り綱でテントにテンションを与える。そしてペグをしっかり打ち、最大の強度を出すのだ。

また、張り綱を引く方向も重要だ。状況によっていつも正しい方法や向きにペグ打ちできるとは限らないが、やはり理想形を覚えておく必要はある。それぞれのテントが本来もっている強度を正しく出してやることが、山中での安全性と快適性につながっていく。

張り綱の角度はポールに合わせる

OK

強風に耐えられるようにテントを設営する際、張り綱がポールの延長線上に位置するように配置すると、理想的な力が加わる。真上から見れば反対側の張り綱とは対角になる。

NG

ポールの延長線上で張り綱が固定されていないと、テントの固定力は充分に発揮されない。強風時にはテントが大きく歪み、左右に動きやすくなってしまい、破損の原因になる。

フライシートとポールは必ず連結

大半のテントのフライシートの裏側にはポールと連結するための面ファスナーがつけられている。だがこの部分をおろそかにして結合しないと、張り綱で耐風性を補強するときにフライシートしか引かれないことになり、骨組みとなるポールが安定しない。

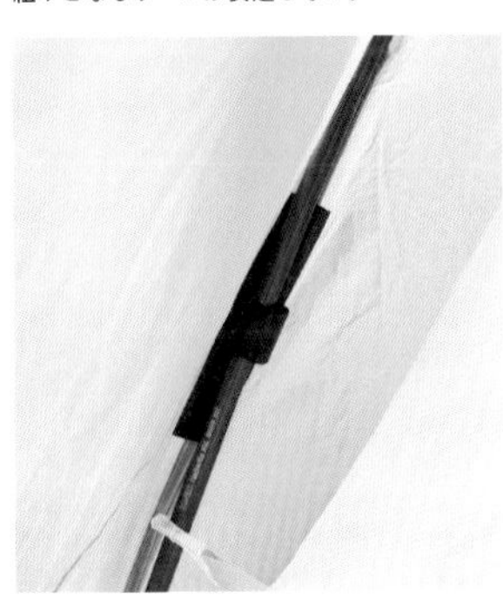

固定の大基本はテント本体の"四隅"

テント設営の最重要ポイントは「地面に接するフロア(床)部分を確実に固定すること」。フロアが四角のテントであれば、その四隅ということだ。この部分が固定されていないと、テントが本来もつ耐風性はほとんど発揮されないと考えてほしい。

テント設営の基本(吊り下げ式の場合)

現代のテントの主流、吊り下げ式の設営方法

現代の山岳用テントで、最もモデル数が多いのが、この「吊り下げ式」である。ハブなどで数本組み合わされたポールにカギ状のフックでインナーテントを吊り下げることで、居住空間を立体化していく仕組みのものだ。設営の作業に難しい点はなく、初心者でも扱いやすいタイプである。

基本的な手順は写真のとおり。実際の設営方法はモデルによって多少異なるが、この手順を覚えて応用すれば、大半のモデルは設営できるはずである。

吊り下げ式テントの多くは、はじめにインナーテントをペグで固定してから立体化させていく。だから設営時は風の影響を受けにくく、悪天候時でも設営しやすいのがメリットのひとつでもある。

誰もが直感的に設営できるテントではあるが、山に行く前にどこかで練習はしておきたい。一度でも設営経験があれば、山中でも戸惑うことはないだろう。

設営する場所にインナーテントを広げ、その下にある小石や木の枝などの異物を取る。そして四隅にペグを打ち、フロアを固定する。

ポールを伸ばし、その末端すべてをインナーテントの隅の小穴(グロメット)へ差し込む。するとインナーテントの上にポールが立つ。

インナーテントに付属するフックをポールへかけていく。このときに重要なのは、はじめにいちばん上の天井部分を引っかけることだ。

天井部分のあと、そのほかの部分も引っかけていく。こうするとインナーテントとポールの位置が正しくなり、ポールがたわまない。

インナーテントと連結したポールの上にフライシートをかぶせていく。風が強いときは、一部を先にバックルで留めておくといい。

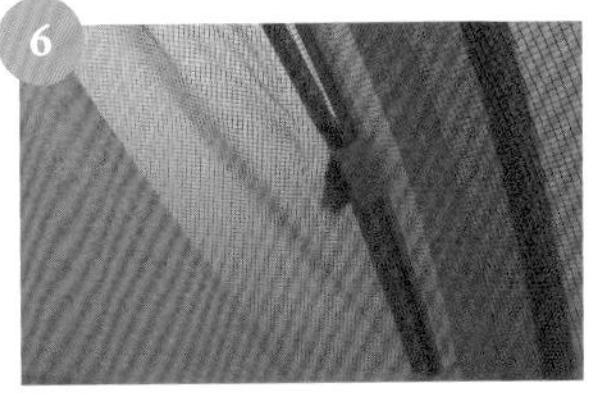

フライシート裏側の面ファスナーを探し、ポールに張り付ける。これでフライシートとポールの連結力が高まる。

付属のバックルを用い、フライシートをインナーテントと結合させる。このときはまだ、テンションの調整はしないでよい。

前室部分の生地を引っ張り、ペグを打って固定する。通気性を考え、下に適度な隙間が空くくらいに調整しておく。

バックルと連動しているフライシートのストラップを引き、テントの生地がきれいに伸びるようにテンションをかける。

フライシートにつけられている張り綱を引き、耐風性が向上するようにペグで固定する。張り綱のテンションは「自在」で調整する。

通気孔となるベンチレーターを開けて、内部の換気を促す。もちろん悪天候のときには、反対にしっかりと閉じておく。

吊り下げ式は誰でも迅速に組み立てられる。ここで紹介した順番を変更し、インナーテントを立体化させてからペグを打つ方法もある。

テント設営の基本（スリーブ式の場合）

シンプルな構造のスリーブ式の設営方法

　インナーテントに洋服の袖のような筒形のパーツをつけたものがスリーブ式テント。このスリーブにポールを通し、テントを立体化させる。山岳用テントでは多用されてきたタイプで、パーツが少なくて破損しにくく、風雨にも強い。

1

場所を決めてテントを広げたら、フロアの下に異物がないか、しっかりと確かめる。風が吹いてくる方向にも配慮したい。

2

スタッフバッグから取り出したポールを連結する。つないだ分は上に向けて伸ばしていくと、周囲のじゃまにならない。

3

ポールをスリーブに差し込む。重要なのは、ポールはスリーブ内へ「押して」入れていくこと。引っ張るとスリーブ内で外れてしまう。

4

ポールをスリーブに通し終えたら、ポールにテンションをかけ、立体化させながら先端を四隅のグロメットにはめていく。

5

フライシートをインナーテントの上にかける。風が強い場合は、フライシートをかける前にインナーテントの一部にペグを打ってもよい。

6

フライシートのバックルで、インナーテントと連結する。このときはまだ強いテンションをかけず、ゆるやかなままでとどめておく。

7

テントの四隅にペグを打ち、テントを地面に固定する。インナーテント、フライシートともに張りが出るような位置が適している。

8

インナーテントにつけられた張り綱をフライシートのスリットから引き出し、これにもペグを打って、地面に固定する。

9

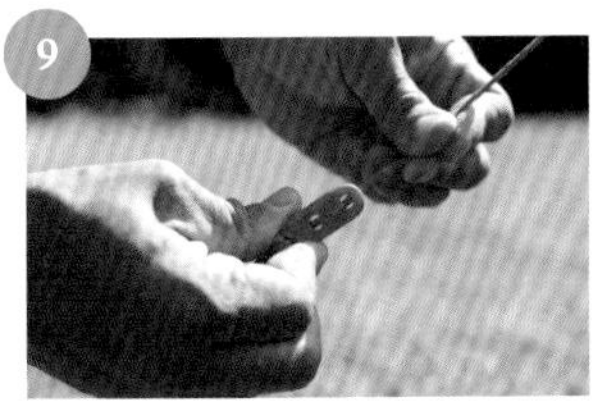

張り綱の自在を調整し、テントにテンションをかけていく。またバックルと連動したストラップも引き、テント全体に張りをもたせる。

10

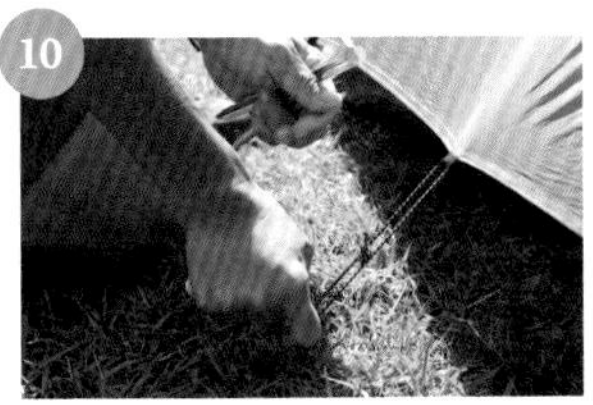

フライシートにつけられたショックコードなど、ペグでまだ打たれていない部分も固定。これでフライシートがきれいに伸びたはずだ。

11

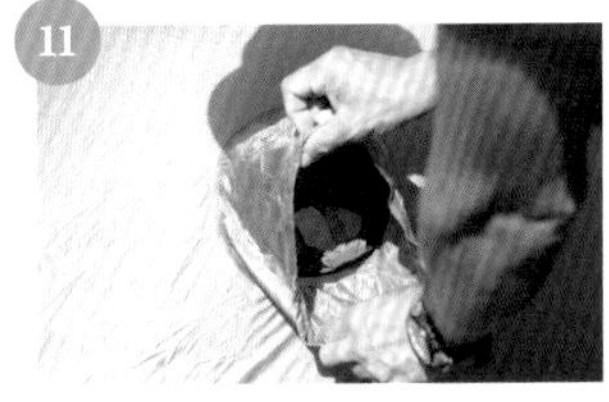

ベンチレーターを広げ、換気を促す。このテントはインナーテントとフライシートのベンチレーターが連動する位置につけられている。

完成形

フライシートをかけていると、外側の見た目は吊り下げ式と大きく変わらない。どちらもポールを交差させ、テントを自立させているドーム型であることは変わらないからだ。このモデルは張り綱がフライシート内側のポールに直接つながっており、インナーテントを強く支える構造になっている。

狭い場所でのポールの通し方

狭い場所ではポールをすべて伸ばしてから設営しようとすると、周囲の人のじゃまになったり、スリーブに通しにくくなったりすることがある。その際はスリーブにポールを少しずつ通しながら、ポールを1本1本つないでいく。このときも「押して」入れていく。

設営の応用（悪天候時）

風雨が強い悪天候時、テントをどう立てるか？

山中に数日間いると、強い風雨のなかでテントを設営しなければならない状態も起こりうる。そんなときは、どうやってテントを設営すればいいのか？

悪天候時のテントの設営にはいくつかの方法が考えられるが、現実的には風の強さや方向、テント場の状態など現場の状況に即して、臨機応変に設営するしかない。

一例は右のような方法だ。はじめに風上側をペグで固定し、風で吹き飛ばされないようにしてから設営を進めるのがポイントである。これを参考例にして、自分のテントに合わせた設営方法を考えておくと、いざというときに役に立つ。

1

ひとりでも強風に負けず、テントを立てる一例。まずは風上に座り、自分の体で風の圧力を遮りながらインナーテントを広げる。

2

足に体重をかけてインナーテントを押さえつつ、風上側のペグをすべて打つ。この時点でインナーテントは吹き飛ばなくなる。

3

風上からインナーテントにポールを取り付ける。吊り下げ式は上にポールを置くだけでよいが、スリーブ式ならポールをすべて通す。

完成形

流線型のシルエットをもつテントは強風を受け流しやすい。あらかじめ悪天候が予想されるときはこのような形状のテントが心強い。

ペグを打った風上側のグロメットにポールの先端をはめ込む。反対側を先にはめてもよいが、風に押されて抜けやすい場合が多い。

風が弱まるタイミングで、ポールに力を加え、テントを一気に立体化していく。急に強風が吹いたら、再度つぶしてしのぐ。

テントを立ち上げたら、もう一方のポールの先端も急いでグロメットに差す。このときがいちばん風に弱いので、注意して作業したい。

インナーテントの残りの部分にペグを打つ。早めにすべてを固定しないとインナーテントが強風でたわみ、ポールが破損する。

風上に再びまわり、風の力を利用してフライシートを上にかける。そしてすぐにバックルでインナーテントと連結する。

フライシートの張り綱など、打てる箇所すべてにペグを打って、完全固定。最後に張り綱を引き、テントの形状を微調整する。

設営のポイント

基本に忠実に設営すればつらい思いはしない

先に述べたように、テント設営時に最も多い間違いは、テントのフロアを固定しないことである。それは極端に言えば、スケートボードに乗った人間をサイドからただ押さえているようなもので、前後左右から力を加えれば、簡単に足元がゆらぎ、最後には転倒する。つまり、テントのフロアを固定しないでサイドから張り綱でテンションをかけたところで、テントの強度は高まらないのである。

この点は本当に重要だ。本書のなかで最も覚えておいてほしい最重要事項なのである。とにかくテントのフロアは絶対に固定すること。この作業を怠り、強風でテントが破損したとしても、テントメーカーに罪はない。

グラウンドシートも間違った使い方をしている人が多い。テントのフロアからはみ出すように敷いていると、その上に雨水をため込んでしまう。その結果、水はけがよいはずの場所でもテントが水没してしまうのである。

とはいえ、テントはセオリーどおりに使うだけが能ではない。ポールを忘れたとき、暑くてたまらないとき、アイデア次第でその場に合わせたユニークな使用方法を試すのもおもしろい。

四隅を固定しないことの問題点

テントのフロアの四隅を固定せず、テント中央部分から延びる張り綱だけで設営しようとすることは、家でいえば土台を固めずに柱を立て、家をつくろうとすることに似ている。土台を固めないままで柱を立てても、風が吹けば柱は根元から揺らぎ、いずれ倒壊する。四隅にペグを打たず、フロアが固定されていないテントも同様なのだ。だから確実にペグでフロアを固定しなければならない。もしもペグが刺さらないような硬い地面の場合は、後ほど説明する石やアンカーを使う方法でしっかりと固定しなければならない。

OK

ポールの末端が固定されていれば、強い横風を受けてもテントのフロアがずれず、風による圧力を受け流すことができる。

NG

末端が固定されていないと風によってフロアがずれ、それとともにポールが過度に曲がる。これ以上の圧力がかかれば、ポールは折れる。

グラウンドシートの使い方

グラウンドシートの主目的は、小石などでテントのフロアを傷ませないことだ。高価な専用品ではなく、ある程度の強度があればレジャーシートのようなものでもいい。テント以上に大きく広げて使う人も見受けられるが、それではわざわざ雨水を受け止めてテントの下に導くことになり、浸水の恐れが高くなる。テント内で体重がかかる部分だけの面積があれば充分だ。

NG

ポールを忘れたら

ポールというものは、どういうわけか自宅に忘れてきがちだ。そのために登山を中止するのは悔しく、自分のテントの形状に合わせ、なんらかの方法で設営を試みる手もある。多くのテントで応用が利くひとつの方法は、テント内部にロープを通し、その末端を樹木に結んで立体化することだ。トレッキングポールで内側から天井を突き上げ、最低限の居住空間をつくりだすこともできる。

暑い日はこんなこともできる

吊り下げ式テントの多くは、フライシートをかけてからフックを外すと、写真のようにスクリーンタープ的にも使える。格段に風通しがよくなり、暑い日でも気持ちがいい、ちょっとした裏技だ。ただし、つぶしたインナーテントの上に横たわるので、メーカー推奨の使い方ではない。あくまでも自己責任で。

撤収の基本（小型テントの場合）

コンパクトに迅速に効率よくたたむ

テントの撤収は、設営に比べれば簡単だ。基本的には設営時の手順を逆に行なえばいいが、ある程度順番を変えても問題はない。

素早く撤収する要点は、インナーテントやフライシートをたたむとき、空気が逃げる方向を考えながらたたむことだ。特に防水性のフライシートは空気をため込み、スタッフバックに入れにくい。

山行最終日であれば適当にたたんで収納し、帰宅してからきれいに清掃。それから丁寧に片づける。

1 インナーテントとフライシートを分離。フライシートのファスナーは完全に閉めるとたたんだときに空気が抜けにくくなる。

2 フライシートを広げ、中央を顎で挟んだりして縦長に折りたたんでいく。地面に触れないように作業すると、テントが汚れない。

3 縦長に折りたたんだフライシートは、その後、縦の長さが短くなっていくように、さらに何度も折りたたんでいく。

4 たたみ終わったフライシートは風で飛ばされないように石などの重しを置いてキープ。ここからインナーテントの撤収に移る。

5 ポールを外す作業は、ペグを抜いてからのほうが行ないやすい。スリーブ式の場合は、ポールを「押して」抜くようにする。

6 ポールを完全に外したら、両手で持って立ち上がる。座ったままだとポールの接合部分に土がつきやすく、破損の一因になる。

ポールははじめに中央で折る。こうすると、ポールの内部に通されている伸縮性のコードが過度に伸びず、傷みにくい。

中央を折ったポールは、そこから両端に向かって1本ずつ折り進む。慣れれば同時に数本のポールを折りたたむこともできる。

長い張り綱は収納時にじゃまになり、再び設営しようとしたときに絡んでいることもある。面倒でもまとめて結んでおくといい。

次にフライシートと同様の方法でインナーテントをたたむ。通気性がよい生地なので、フライシートより空気は抜けやすい。

フライシートとインナーテントをひとつにまとめ、内部に残った空気が抜けるように力をかけながら丸めていく。

スタッフバッグに収納すれば撤収が完了。ポールやペグも同じようにスタッフバッグに入れ、紛失したものがないか確認する。

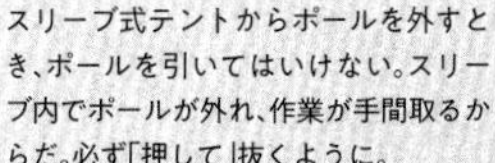

ポールの抜き方

スリーブ式テントからポールを外すとき、ポールを引いてはいけない。スリーブ内でポールが外れ、作業が手間取るからだ。必ず「押して」抜くように。

NG

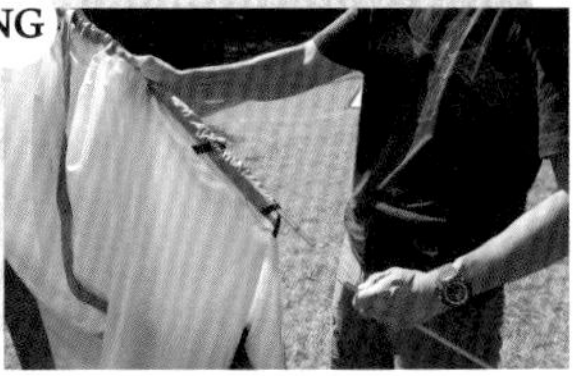

撤収の基本(大型テントの場合)

少々手間がかかる 大型テントのたたみ方

グループで使う大型テントの撤収は少し面倒だ。ある程度きれいにたたまないと収納サイズが大きくなりすぎ、バックパックに入りきらない。またテント全体に強いテンションがかかっているため、撤収作業には力がいる。仲間とともに手早く作業を進めたい。

大型テントはパーツごとに分配して持ち運ぶことが多い。そのために撤収時はそれぞれの担当者が責任をもって管理をすると、ペグやポールを紛失する恐れが減る。

1

最初にフライシートに関係するペグを抜いて作業を開始。インナーテント分は風に飛ばされないように、すぐに抜かなくてもいい。

2

フライシートのスリットから張り綱を抜く。長い張り綱は絡まりやすいので、この時点で短く結んでおくと後の作業が楽だ。

3

大型テントのフライシートは巨大である。周囲が乾いていれば地面に広げてしまったほうが、きれいにたたんでいける。

4

両側から中央に向かい、1/3ほどの幅に大きく折りたたむ。空気が外に流れ出やすいようにフライシートの裾は一方にそろえる。

5
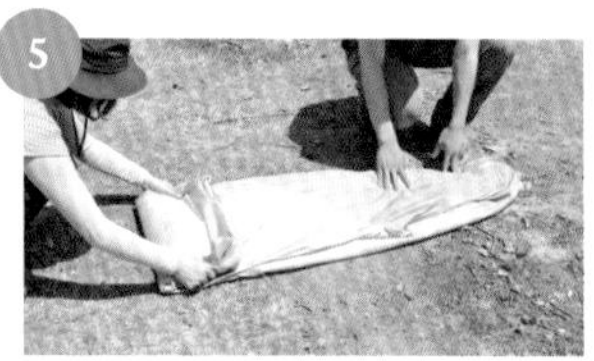

さらに縦長になるように細くたたむ。その後、フライシートの裾側を末端として、空気を抜きながらいっそう小さく折りたたんでいく。

6

グロメットからポールの先端を外し始める。かなり強い力ではまっているので、外しにくいかもしれないが、慎重に作業を進める。

7

次第にインナーテントはつぶれていく。内部には大量の空気が残っているが、入り口を少し開けたままにしておくと抜けやすい。

8

テントが完全に平面になったら、ポールを抜く。このときに引っ張って抜くと、ポールがスリーブ内で外れ、面倒なことになる。

9

ポールをたたみ終えたら、インナーテントに移る。フライシートと同様に地面に置き、ボトムの生地に付着した土などは落としておく。

10

ボトムが長方形に近づくように、うまく角を処理して折りたたんでいく。すると無用な厚みが出る部分が減り、コンパクトになる。

11

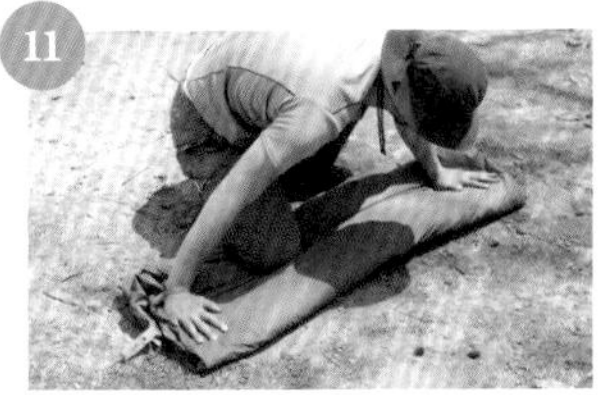

長方形に折りたたんだ後のインナーテントは、先ほどのフライシートと同じように、ここから縦に細長く折り進める。

12

体重をかけて空気を抜きながら小さくまとめていく。たたんだフライシートと同じくらいのサイズにすると、まとまりやすい。

13

最後にスタッフバッグへ。大型テントは重く、ひとりではなかなか入れにくい。仲間にスタッフバッグを広げてもらうとスムーズだ。

このようにテントを乾燥させてはダメ!!

フロア裏の湿り気を取るために、テントを横倒しにして日差しに当てる人は多い。このときにフライシートをかけたままだと地面に擦れて穴があく。やめたほうがいい。

撤収の応用（悪天候時）

強風下で撤収する、ひとつの方法

悪天候時のテントの撤収は気が重くなる作業だ。ペグを外した途端にテントは風にあおられ、遠くに飛ばされたり、ポールを折られたりする可能性が高まる。注意深く作業を進めなければならない。

撤収の際は、あらかじめテント内でできるかぎりのパッキングを済ませておき、バックパックにカバーをかぶせて外に出る。テントが飛ばされるほどの強風時には、荷物を重しとして作業途中まで内部に置いておいてもいい。だが内部にモノがある状態でテントが風で引きずられると、ボトムに穴が開きやすい。そのあたりは状況を見ながら判断したい。

フライシートのみならず、インナーテントまでが雨に濡れるとテントは非常に重くなる。だが、テントが壊れてしまうよりはいい。多少テントが濡れても気にせず、破損と紛失の防止に気を配りながら作業を進めよう。強風の場合にはテントがどこかへ飛ばされないように細心の注意が必要だ。

濡れたテントは水漏れしない大きな袋に入れる。そのために大型のゴミ袋を1枚持参すると便利だ。撤収したテントはバックパックの上に押し込まざるを得ず、パッキングの重量バランスは少々崩れるが、緊急時には我慢しよう。

1

強風・豪雨時の撤収作業の一例。テントから外に出たら、まずは風下部分のペグを抜く。仲間がいれば、ひとりはテントを押さえる。

2

そのまま風下側のポールの先端をグロメットから外す。次に風上側に回り込み、反対側のポールも同様にグロメットから外す。

3

テントをつぶしたまま、ポールだけを先に折りたたんで収納する。このとき風上のペグは打ったままで、テントを押さえている状態だ。

風上のペグのうちインナーテントに関係するものだけを抜き、フライシートを残したままインナーテントを抜き取る。

フライシートの下のインナーテントを先にためば、インナーテントの水濡れは幾分減らせる。そしてすぐにスタッフバッグへ収納。

フライシートを体で押さえながら、すべてのペグを抜く。ぬかるんだ地面に打たれていたペグは紛失しやすいので、本数も数えよう。

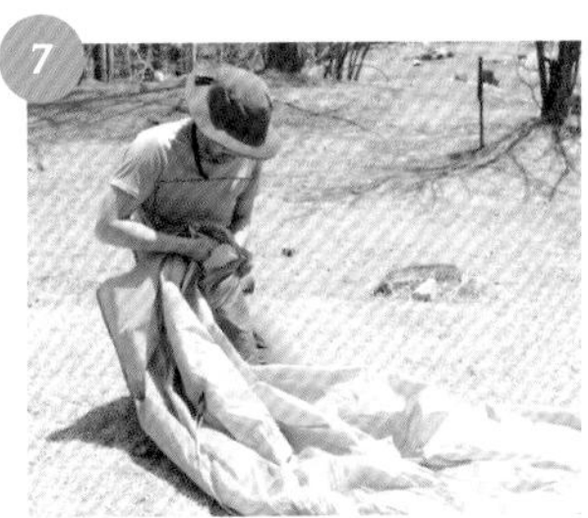

強風のなかではまともにたたんではいられない。細かいことは気にせず、端のほうから一気にスタッフバッグに押し込んでしまう。

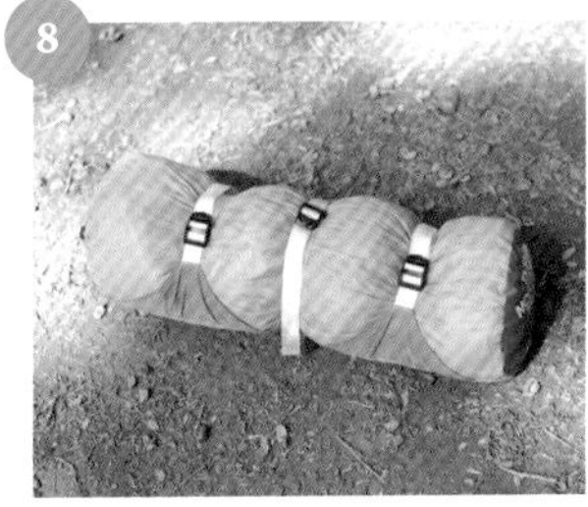

テントのスタッフバッグは大きめにつくられ、雑に押し込んでもなんとか入るものだ。押し込んでから圧縮すれば、少しは小さくなる。

濡れたフライは別に収納

雨や結露で大量の水分を含んだフライシートは、収納時にインナーテントまで濡らしてしまう。そこで防水性の袋を用意しておき、フライシートのみ別に収納。インナーテントをドライに保て、バックパック内部に水が流れ出ることもない。

ペグの選び方

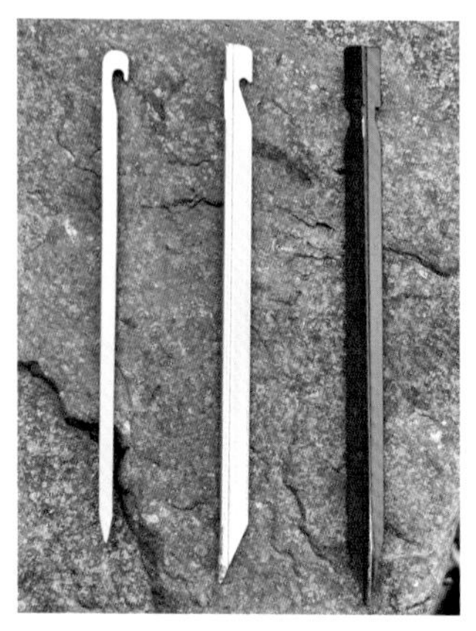

各種ペグの形状

ペグはどれもシンプルに見えるが、実はさまざまなタイプがそろっている。左の写真はどれも山岳用途に向いたタイプで、軽量性と剛性を兼ね備えている点は共通だが、それ以外は異なる特徴をもっている。詳しくは右のページで説明するが、一般的に太いペグほど地面への固定力は強いが、その太さゆえに硬い地面に打ち込みにくいことがある。それに対し、細いペグは地面への固定力はいまひとつながら、硬い地面にも比較的打ち込みやすい。また、断面が三角形や、星状のものはシンプルな形状のものよりも地面への食いつきはよいが、少し高価である。そして当然ながら、太いペグは重く、細いペグは軽量だ。

ペグの素材

ペグに使われる金属の種類は一長一短だ。アルミは曲がりやすいが折れにくく、比較的安価。ジュラルミンは硬くて曲がらないが、強い衝撃を与えると意外と簡単に折れてしまう。ステンレスは重すぎて登山用には不向きだ。

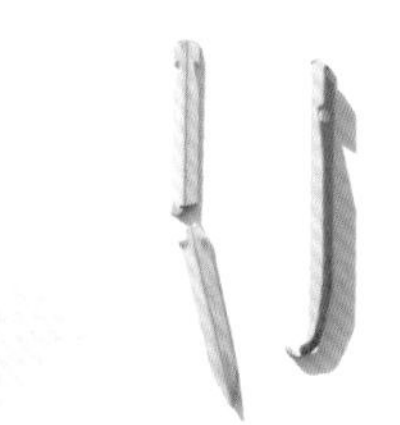

地味だけど非常に重要。ペグという存在

テントの主要パーツのなかで、ペグほど注目されないものはない。だがペグの性能ひとつで悪天候を乗り切れる場合もある。好条件のときには理解できなくても、万が一の際にはペグの差が快適性どころか安全性まで大きく左右する。もっと重視すべきものだ。

しかしオールマイティなタイプはなく、形状によって適材適所で活躍するのがペグというものだ。

硬い地面では、鋭利で細いペグ。軟らかな地面ならば、強風時にも抜けにくい太くて長いペグが適している。岩が多い場所ではシルバーのペグは見えにくいので、赤やオレンジといった視認性が高い色のものを選ぶなど、いくつかの種類を使い分けたい。

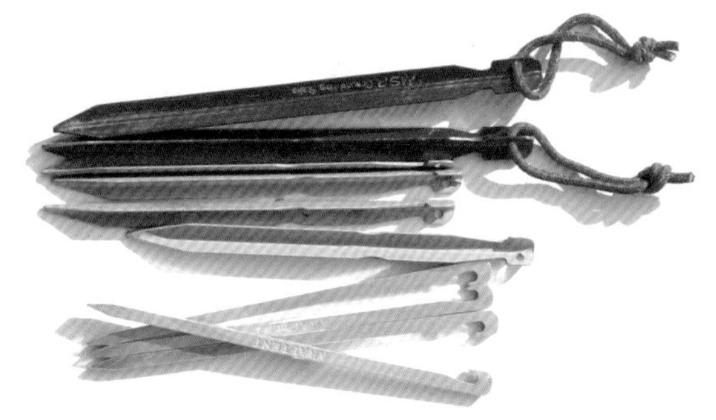

数種ミックスしたペグのセット

ペグは付属品をそのまま使っている人が圧倒的に多い。しかしテント場の地面に応じて使い分けると効果的だ。とはいえ、初めての場所では地面の状態が事前に把握できない。そこで、どんな地面でもそれなりに対応できるよう、自分でいくつかのペグを組み合わせて持参するのも一手である。

地盤が硬い場所

岩が多い場所では、太めのペグは刺さりにくい。だが細いペグなら岩の隙間に打ち込める場合は多い。地盤が硬ければ、断面が四角の細いペグでも意外と抜けにくく、岩や小石が多いテント場では有効である。

ぬかるんだ地面

雨が降った後は地面がゆるみ、乾燥していたときは効いていたはずのペグでも抜けやすくなる。軟らかな土や砂礫の地面ならば、ますます抜けやすい。こんな場所では太めのペグ。要所に使うだけでもテントが安定する。

断面が丸いペグの問題

断面が丸いペグは山には向かない。風などでテントに力がかかると回転してしまい、張り綱が外れやすい形状だからだ。山岳用テントに付属しているものも見かけないわけではないが、買い直すことをおすすめしたい。

ペグの打ち方と抜き方

ペグを打つ方法

オートキャンプ場のような場所では、ペグ打ち用のハンマーを使うのが当たり前だ。しかしテント泊登山の際に重いハンマーをわざわざ山中に持っていく必要はない。地面が軟らかければ足で踏み、地面が硬ければ周囲に落ちている石をハンマー代わりに使う。

加わる力に対して「直角」がポイント

ペグはただ漠然と地面に打っただけでは、もてる効果をあまり発揮しない。だが適切に使えばテントの強度が数段上がり、強烈な嵐でもしのぐことができる。

ペグは力がかかる方向に対して直角に打つのが基本だ。風圧を受けたテントによって引っ張られる張り綱の角度に合わせ、ペグの角度を調整するとよい。

だが地面が硬い場所では、そうそう理想的な角度にペグを打てるわけではない。状況に応じて、できるだけ強度が高まるように配慮すれば充分だろう。そもそも地面が硬い場所では、ペグが突き刺さってさえいれば、それだけで強力な固定力となる。

むしろ地面が硬い場所では、ペグが抜けなくなって苦労することも多い。右ページで紹介しているように、ペグ同士を引っかけて抜くのはひとつの方法である。

ペグのなかには、打ち込んだ際に地面に露出する頭のような部分に小さな穴があいているものもある。この部分に強靭なヒモを通して結んでおけば、ペグを抜くときに力をかけやすい。ヒモが付いていないペグには自分で付けておくと、撤収時に楽ができる。

ペグは力がかかる角度に対して直角方向に打ち込むと、最も固定力が高くなる。テントのボトムであれば、付属のループが真横に延びているので、ペグは地面へ直角に打ち込めばいい。その際にはできるかぎり深く打ち、ループが引っかかった先端のみが土の上に出るようにする。先端が長く飛び出していると固定力が弱まるだけではなく、足を引っかけて転倒の原因にもなりかねない。

張り綱はテントに取り付けられている部分によって、地面に延びていく角度が異なる。この場合も張り綱に対してペグの角度ができるだけ直角になることを考え、地面に斜めにペグを打つとテントがしっかり固定できる。だがペグが地面に対して寝すぎていると、地面の土を押さえつける力が半減し、むしろ抜けやすくなる。直角にこだわって、無理に理想的な角度をつけようとする必要はない。

ペグの抜き方

硬い地面に深く打ち込んだペグは強力にテントを固定できる。だが、その反面、非常に抜けにくくなり、回収できなくなって困ることもある。そんなときは両手で横向きに持ったペグを、地面に打たれたままのペグのくぼみにかけて力を入れると、意外と楽に引き抜ける。

ペグが打てないときの対処法

ペグを倒して使う

ペグの中央にテントのループや張り綱をかけ、地面に横倒しにする。そのテント側の左右に適度な大きさの石を置き、さらに大きな石をその上に乗せる。あまり固定されていないように見えるが、ループが引っ張られる方向には強く、テントが風で動くことはない。

石を使う

張り綱を石に巻くのは、テントを固定する古典的な方法だ。だがひとつの石に巻くだけではすぐにずれる。そこで、張り綱を巻いた石の左右に別の石を置き、張り綱を巻いた石を固定。トータルの石の重さでテントの抑え込むイメージである。

ペグが打てなくてもアイデアで乗り切る

岩ばかりの高山は地面が硬く、ペグが打てないテント場も数多い。しかしテントは地面に確実に固定されなければ、とても風に弱い。また、ペグを忘れて入山してしまった場合も困ってしまう。

そこで覚えておきたいのが、ペグを地面に打たなくてもテントを固定できるいくつかの方法だ。ペグや木の枝を横倒しにして石を乗せたり、大きな石に張り綱を巻いたりするのは昔からの王道的な方法で、地面が軟らかければ土を入れたレジ袋に張り綱を結び、地中に埋めるという方法もある。ペグほど強力な効果は発揮できないとしても、よほどの悪天候でもなければ、一晩をやり過ごす程度には使える手段だ。

枝を使う

ペグの数が足りないときは、折れにくい枝を横倒しにして利用する。これも大きめの石を左右に置いて動きにくくするが、特に長い枝はたくさんの石を置けて、固定力が増す。

アンカーを使う

一般的には雪や砂の中に埋め込んで使うテント用アンカーだが、これに重い石を包み込んでテンションをかけると、ペグのようにテントを固定できる。数枚持っていると便利だ。

「自在」の使い方

「自在」とは張り綱などのコードの長さを変え、固定し、テントにかかるテンションを調整するパーツだ。主だったものだけで数種類あるが、見よう見まねで使っている人は多い。だが、正しい調整方法を知っておくと、テントの設営がスムーズに行なえる。

自在とコードを別々の手で持ち、両者を近づけると摩擦力が薄れ、長さを変えられる。手を離せば、自然にコードは止まる。

一方の手でコードを遠くへ押し、もう一方の手でコードを手前に引っ張る。このやり方でも調整できるが、少し力がいる。

小型でじゃまになりにくい三角形タイプの自在。細いコードを内側の細いくぼみにかけることで、コードの動きが止められる。

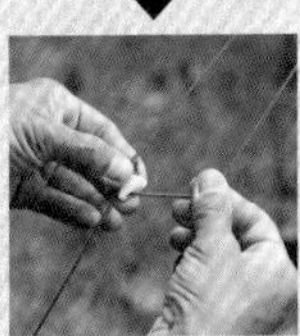

このタイプの自在で調整する場合、はじめに自在とコードを直角気味にして、内側で引っかかっていたコードをリリースする。

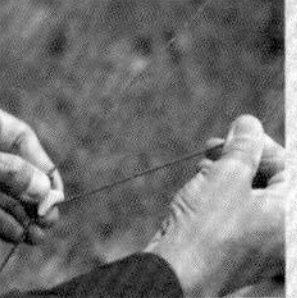

それから手に持ったコードを送り出し、適度なテンションを感じた場所で再びコードを自在のくぼみにかけて動かなくする。

Column

テント泊

Q&A

3 設営

Q1

テント場にはいつまでに到着すべき？

テント場にあまりに遅く到着すると、すでに休み始めた周囲の人に迷惑をかけます。できれば昼すぎ、遅くても夕方前に到着しましょう。また、山中では安全な早めの時間帯に行動することが望まれますし、よい場所に設営するためにも早めの到着をめざしたいものです。

Q2

設営場所が傾斜地しかなかったら？

どうしてもテントを張るならば、我慢するしかありません。テントの中で低いほうには、バックパックや着用しないウェアをマットの下に置き、できるだけマシな状態をつくります。特に頭のほうが低いと非常につらいので、なんとか高くなる状況をつくりましょう。

Q3

撤収がスムーズになるコツは？

テント付属のスタッフバッグは、きっちりテントをたたまないと収納できないサイズのものもあり、急いで撤収したいときは時間がかかって大きなストレスになります。そこで、スタッフバッグを大きめにチェンジ。それだけで撤収がスピーディになります。

Q4

テント場で暴風雨に遭遇したら？

自分の力ではしのげないと思ったら、近くの山小屋へ避難しましょう。緊急時は予約がなくても泊めてもらえます。その際、テント場には荷物を放置しないこと。強烈な風雨にさらされ、すべて吹き飛んでしまいます。荷物を散乱させることは避けましょう。

Chapter

5

テントの快適な使用方法

山中の我が家であるテントを快適に使うためには、
いくつかのテクニックやノウハウを覚えたい。
テント内でゆっくりとくつろぎ、体を休ませられたら、
翌日の山はますます楽しいものになる。

テント泊用のウェア

防寒着

夏でも高山では防寒着が必要。化繊の中綿のインサレーションは水濡れに強く、雨が多い時期にも適している。一方、軽量でも保温力が高いのはダウンジャケット。アウターの下に着て使う薄手のものはインナーダウンと呼ばれ、それ一枚だけでも充分な温かさだ。

ベースレイヤー

肌の上に直接着て、体温をコントロールするアンダーウェア的な衣類が、ベースレイヤーだ。このウェアの保温力は防寒着並みに体調を左右する。テント場に到着後、行動中に汗濡れしたウェアを脱ぎ、乾いたベースレイヤーに着替えるだけで気持ちはリフレッシュする。

夏でも涼しい山で過ごす防寒対策を兼ねたウェア

山歩き後には温かな自宅に帰れる日帰り登山とは違い、テント泊の場合は夜から朝まで涼しい野外で過ごさねばならない。

山は標高が100m上がるごとに0.6℃ほど気温が下がるといわれ、高山ともなると夏でも簡単に10℃以下である。春や秋にはテント周りの水は凍りつく。

そのためにテント泊時は入念な防寒対策が欠かせない。汗や雨で濡れたウェアしかないという事態にならないように、ある程度の着替えを用意しよう。到着後にすぐ着替えれば、汗冷えで体調を崩すこともない。

肌に接するベースレイヤーや靴下は、多少湿っていても体温をキープしてくれるウール製の厚手がいい。その上には軽量で温かい防寒着を重ね、アウターまで着込んでしまえば、無雪期の山では極度に凍えることはない。テント周りでの行動や山への行き帰りには、サンダルも役に立つ。

帽子

行動中に着用する帽子は汗で湿り、天気が悪いとなかなか乾かない。だが頭部は体温が逃げやすい場所でもある。効率よく体を温かく保つなら、春や秋には着替え用の帽子も欲しい。温かなウールやアクリル製が望ましい。

パンツ

行動中に雨が降るとパンツは非常に濡れやすい。薄手でいいのでテント内で着用する着替えも持ち歩きたい。タイツに合わせるのならばパッキング時にかさばらないショートパンツで充分だ。タイツを着用しない場合は、保温力を考えて薄手のロングパンツを選ぶ。

タイツ

肌に密着するタイツは暖気を逃がさず、ショートパンツと合わせればロングパンツ並みの保温力だ。行動中と異なり、テント場では過度の汗はかかないので、速乾性の化繊より薄くても温かなウール製がベターである。

サンダル

必ずしも持参しなくてもよいが、あれば便利な存在。テント場ではサンダルに履き替えれば、歩行中に内部まで汗で湿ったブーツの乾燥を進めることができ、テント周りでは身軽に行動できる。登山口への行き帰りにまで登山靴を履きたくない人には、ますます有用だ。

靴下

肌に触れるほかのウェアと同様に汗で濡れやすく、行動中にはくものと、テント場に到着してから着用するものを交換すると快適だ。血管が表面近くにある足首は体温が逃げやすく、保温性が高い厚手が効果的である。

テント内のレイアウト

重要なものこそいつも「定位置」に

テント生活を快適に行なうには、内部のレイアウトも大切だ。テントを設営したらバックパックから荷物を取り出し、テント内にきちんと配置していく。下の写真のようにきれいに並べ、いつも同じものを同じ場所に置くように癖をつけると、たとえ夜の暗闇のなかでも手探りするだけで必要なものが取り出せる。これは紛失の防止にもなり、壊れやすいものを体でつぶす恐れも減らせる。天上付近には細いロープを張り、小型カラビナなどを利用し、内部を立体的に使用すると使い勝手がいい。

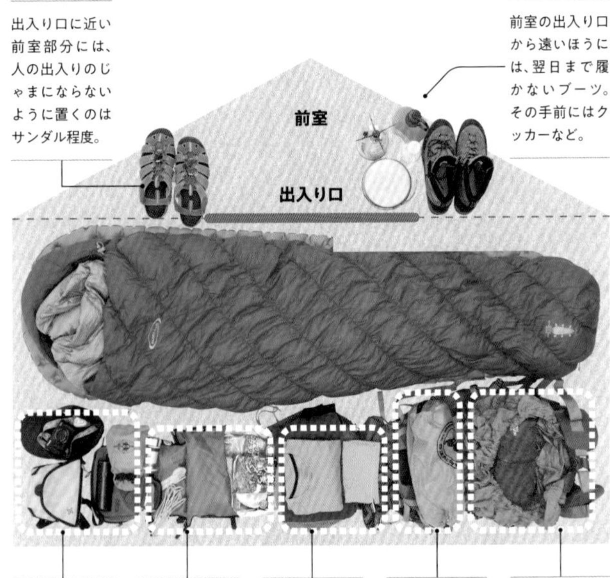

出入り口に近い前室部分には、人の出入りのじゃまにならないように置くのはサンダル程度。

前室の出入り口から遠いほうには、翌日まで履かないブーツ。その手前にはクッカーなど。

枕元にはスマートフォンや地図、貴重品など。重要なヘッドランプなどは、帽子に入れておく。

洗面用具やナイフなどの小物は上半身の取り出しやすい位置に。食料もこの付近が便利だ。

中央には着替え類。結露や雨が多い状況のときは、防水袋に入れたままのほうが安心である。

手を伸ばしにくい足の近くには、テントやマットなどのスタッフバッグをまとめて置いておく。

濡れたレインウェアなどはほかのモノを濡らさないように防水性のザックカバーに入れ、足元に。

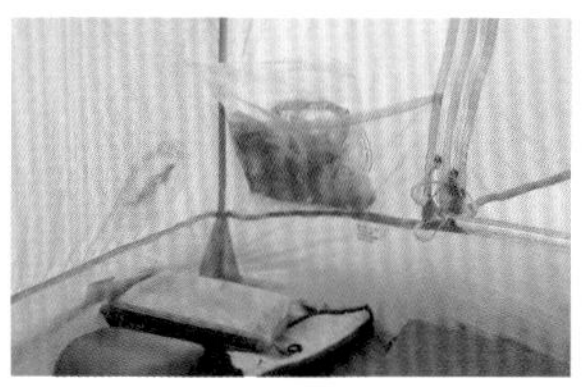

テント内部のポケットには大事な貴重品や壊れやすいものを入れる。小さな袋をすっぽりと収め、ゴミ箱代わりにしても重宝する。

テント内部の天井に取り付けられたループを利用し、ランタンをぶら下げる。こういうときに小型カラビナがあると便利だ。

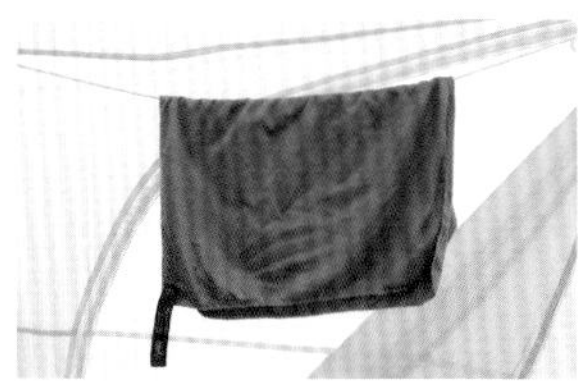

ロープには濡れたタオルなども干せる。悪天候時はほとんど乾かないが、好天時にベンチレーター付近に下げれば乾燥は早い。

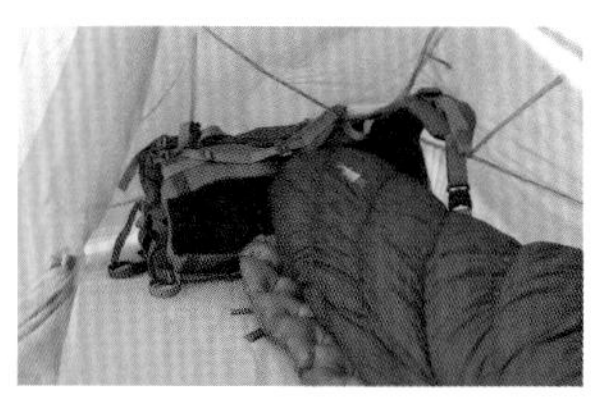

足元へバックパックを横倒しにして立てかけ、テント内部の壁に発生した結露で寝袋が濡れるのを防止。これは思いのほか有用なテクだ。

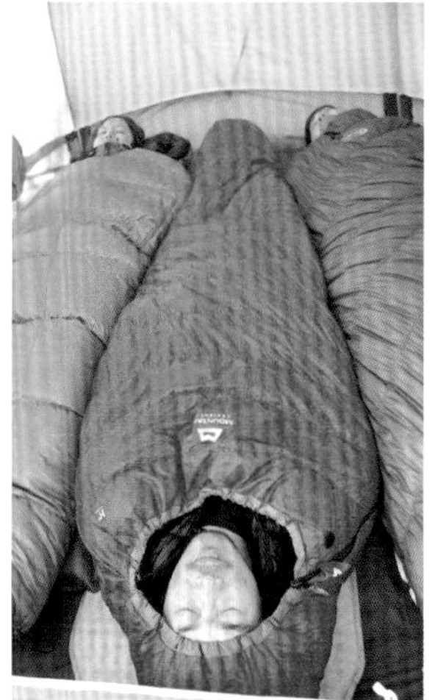

人数に対してスペースが狭いテントでは頭と足を交互にして就寝する。だが不用意に寝返りを打ち、仲間の顔を蹴らないように注意。

天上に張ったロープには、小型のフックでヘッドライトを取り付けると便利。角度をうまく調整すれば、ランタン代わりになる。

ヘッドライトに白いレジ袋をかけると光が拡散し、簡易的なランタンになる。頭の近くに置いておけば、この光で本も読める。

前室の使い方

前室スペースを有益に使いこなす

インナーテントの出入り口の前に位置し、フライシートの間にできる比較的広いスペースが「前室」である。これはいわばテント内部と外界の狭間にある土間だ。ここにはテント内には保管しにくい汚れた登山靴やサンダル、調理後の食器などを置き、フライシートという屋根で雨から守って保管することができる。

ある程度の広さをもつ前室ならば悪天候のときはバーナーとクッカーを置き、フライシートを閉めた状態で、ちょっとした調理も可能だ。火災やテントの生地の溶解の恐れがあるので積極的にすすめることはできないとはいえ、悪天時はテント外での調理は事実上、不可能なのである。

2人用以上のテントには出入り口を複数もつものもあり、仲間と使い分けができる。自分専用の前室があれば装備類の整理もしやすく、サンダルを履いてトイレにもすぐ行けて便利だ。

注意したいのは、食材やゴミなどを置くことである。山域によっては就寝中にネズミなどの小動物が出現し、においがするものを荒らすことがある。クッカーなどの調理器具を含め、そういうものは前室へ放置せず、就寝前にはテント内へ片づけたほうがいい。

前室部分を横から見た様子。フライシートを閉めてしまえば、そこはインナーテントの間にできる一種の“土間”となる。

テント内でくつろぎながら、前室を活用している様子。カップに入れたコーヒーは、テント内に置くと不安定で、何かの拍子にひっくり返しかねないが、前室に置いておけば少々こぼしても安心だ。飲み水を入れた水筒などもすぐに手を伸ばせる範囲に置いてある。

フライシートで覆われた右側にはテント場では履かない登山靴。それに対し、テント周りで活躍するサンダルは出入りしやすい場所へ。

フライシートが結露すると、ときには前室に雨が降ったような状態になる。ここでは水が登山靴に入らないようにレジ袋をかけている。

閉めきった前室をテントの中から見た様子。悪天候のときは、バーナーからの延焼に注意しつつ、最低限の調理ができなくはない。

出入り口が2つあるテントは、それぞれの前室をメインで使う人間を決めておく。荷物の整理がしやすく、いっそう使いやすくなる。

雨対策

小雨降るテント場。霧のような雨から生まれる微細な水滴はじわじわとテント内部へ浸入してくる。これ以上の大雨になるとテントから出たくなるので、早めにトイレと水汲みを済ませ、テント内部では水濡れ対策を行なって、いつでも籠城できるようにする。

水濡れの不快感を緩和するアイデア

山に雨はつきもので、テント泊は山小屋泊以上に雨の影響を受ける。だが、いくつかのテクニックや知識を身につければ、その不快感はかなり和らげられる。

新品のときは防水性が高かったテントも次第に傷み、穴があいたり防水コーティングがはがれてきたりして雨水が浸透しやすくなる。あらかじめテントのフロアに穴があかないように、フットプリントを併用するのもよい。目に見える穴は専用のリペアシートを張って処理し、生地の縫い目からの浸水に備え、自宅を出発する前にシームコート液を塗っておこう。

装備のなかで濡らしたくないものの筆頭が、内部に中綿を封入した寝袋だ。特にダウンの中綿は水濡れに弱く、保温力を一気に低下させる。テントの壁面に接することが多い足元は特に濡れやすく、この部分だけでもひどく濡れないようにすると、寝袋の保温性はキープされる。

防水性のカバーで全身を覆うのが間違いない方法だが、足先のみをシートで守ったり、レインジャケットで覆ったりするだけでも大きな効果がある。カバーを持っていない人は試してみてほしい。

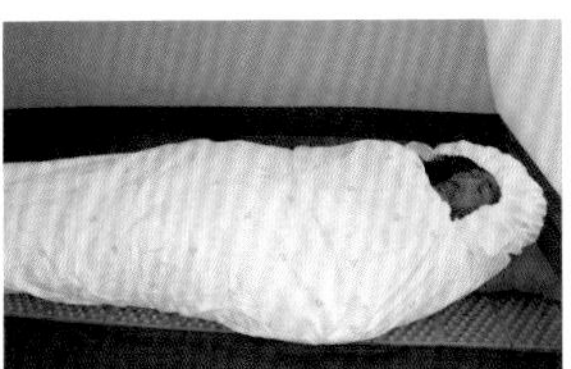

寝袋用の防水カバーは雨対策の定番だ。しかし幅が広いものを用意しておかないと、内部に大量の暖気がたまらず、あまり温かくない。

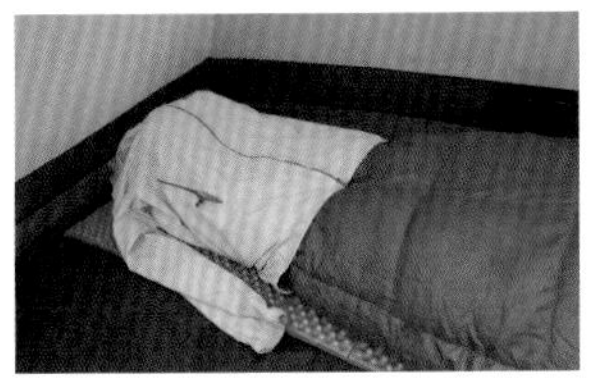

レインジャケットのファスナーを締め、裾から足先を入れる。寝袋の防水カバーを持ってきていなくても、これで足元の防水はできる。

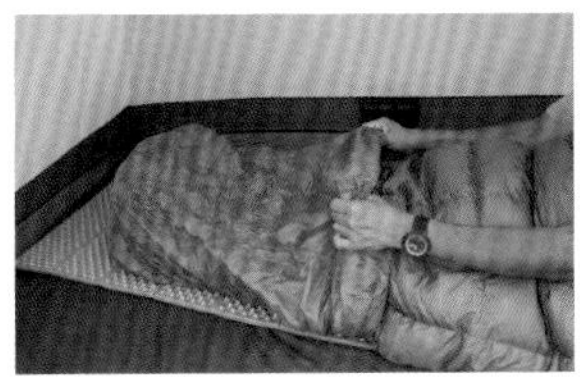

本来はバックパック内で防水に使う大型パックライナーを簡易的な寝袋の防水カバーに。透湿性はなく、内側は結露しやすいので注意。

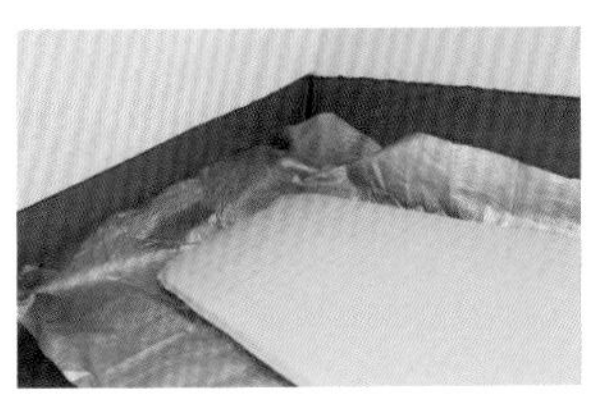

テント内にシートを敷く際には、シートの一部を足元に高く伸ばしておくと、テントに付着した雨水や結露が寝袋に触れずにすむ。

グラウンドシートをテントの下に敷けば防水力アップ。シートが雨水を受けないよう、実際はテントから見えない程度のサイズで使う。

不要なペットボトルを尿瓶代わりにし、大雨で外に出るのが億劫なときにテント内部で使う。ひとりでテントを使用しているときは、それほど抵抗なく実行できるだろう。出発前にはトイレに流す。

縫い目の処理

テント内部への浸水が起こるのは、穴があいた部分か、生地の縫い目の部分。縫い目に市販の防水用シームコート液を塗り込めば、それだけで縫い目から浸み出してくる雨水を遮断できる。生地が薄れてきて耐水性が低くなった部分に塗っても、一定の効力を発揮する。

通気性の向上と強風対策

通気口となる場所は、テントに2カ所以上あるとよい。出入り口のメッシュと裏側のベンチレーターを連動させれば、風通しは抜群だ。

メッシュ地のインナーテント。テントのどの方向から風が吹いてきてもフライシート越しに涼しい空気が入り、暑い時期に向いている。

通気性を上げつつ、強風にも負けない

テント内の通気性を確保することは、快適なキャンプ生活に欠かせない。暑い時期のテント内は日差しによってビニールハウスのように内部温度が上がり、日の出とともに起きださねばならないほどだ。だがベンチレーターや出入り口を通気口として充分に活用すれば、一定の涼しさが保てる。

テント内部の結露は暖かい内部の湿気がテントの壁面で冷やされて生まれる。どうしても避けられない現象だ。しかし過度の結露はテント内のコンディションを大幅に下げるので、少しでも通気性を向上させて湿気を外に排出したい。同時に内外の気温差も少なくすれば、結露はかなり緩和される。

天気がよいときは積極的に風を受け入れて換気を行なうことがテント内の快適さにつながる。だが反対に悪天候時は風の影響をできるだけ抑えなければいけない。

テントの強風対策は、第一にペグをきちんと打つことである。それができていれば、強風をそれほど恐れることはない。そのうえでさらなる強風対策を考える。

重要なのは、テントを張る向きだ。一定の方向から絶えず強い風が吹いてくるような状況ならば、少々面倒でも風の圧力を受け流せる角度にテントを張り直すべきである。ベンチレーターや前室などの風の圧力を受けやすい場所は、必要なとき以外はファスナーなどを閉じ、風をダイレクトに受け止めないように配慮する。

山に吹く風は、登山者の味方にも敵にもなりうる。正しい対処法を考えていきたい。

結露を拭き取る

野外で使うテントは結露が避けられない。特にインナーテントの内部の結露は寝袋やウェアを濡らし、とても不快だ。速乾性のタオルを用意し、こまめに拭き取ると快適性が上がる。フライシートも同様に処理できるが、多湿期はやり始めるとキリがない。

テントの向きと風向きの関係

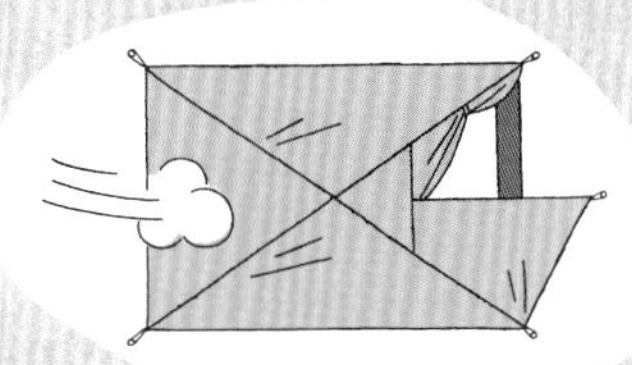

出入り口は風下に

テントの出入り口は風雨が吹き込まない風下側がベター。難しければ横に向け、できるだけ風上側は避ける。テントの短辺は長辺よりも風圧を受けにくく、タイミングを見て張り直すと風に対する抵抗力が増す。

前室で風を受けない

風が出入り口に対して横から吹いてくる場合、フライの生地を巻き上げるのは、風下側にする。うかつに風上側を開けると一気に強風が吹き込み、前室ばかりか、テント全体が風を受け止め、破損の大きな原因になる。

強風時はベンチレーターをしっかり閉めておく。ここを閉め忘れると風が吹き込み、ときには雨水が流れ込む入り口と化し、ひどい状況になってしまう。

破損と修理

最低限の修理用具とアイデアで対応していく

山中での装備の破損は、登山中にたびたび発生する。登山靴のソールが剥がれたときなどの重大な場合は早めに山を下りるべきだが、できることなら応急処置で乗り切り、そのまま登山を続けたい。

補修用具として価値が高いのは、強粘着性のテープだ。特にダクトテープはいったん貼り付けるとはがすのが困難なほど粘着力が高く、テントやレインウェアを簡単に処置できる。なにがなくても必ず持っていきたい道具だ。

それ以上に強力な粘着性を見せるのが、ナイロンなどでつくられたリペアシートである。ただし、貼るだけで空気が漏れないほどの機能を発揮するシートはわりと高価だ。面積は少ないものの、市販のアウトドア用マットの多くにはリペアシートが付属しているので、それを大事にとっておき、ほかの用途にも流用するといいだろう。

折れてしまったテントのポールには金属製のスリーブを組み合わせてしのぐ。スリーブはペグといっしょに袋に入れておくとよい。

ポールの応急処置はペグを利用しても行なえる。相性がいいのは、ポールの丸さに沿いやすい、断面が「く」の字型のペグだ。この形状のペグをテント設営に使うと、もしものときはリペアに役立つ。

強粘着性テープ

幅が広い強粘着性テープは、最も汎用性が高いマルチな応急修理具だ。貼るだけでテント、レインウェアなどの穴をふさぎ、折れたポールやカトラリー類もつなげる。一般的な布製のガムテープは安価で買い求めやすいが、さらに粘着力を高めたダクトテープの強力さは段違いで頼りがいがある。アウトドアショップやホームセンターで購入できる。

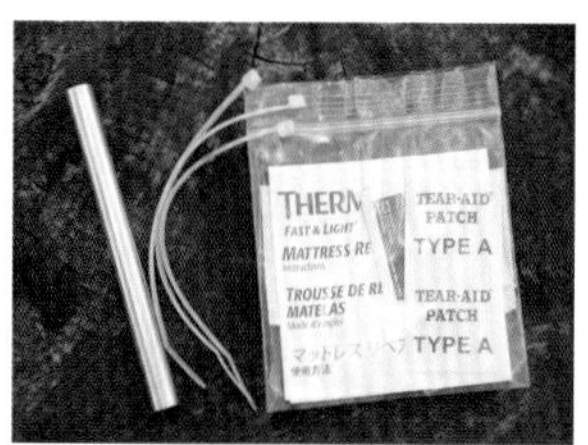

各種リペア用具

折れたテントのポールを通し、応急処置に使えるのが筒状の金属製スリーブ。強い圧力がかかるためにテープを張るだけでは空気が漏れるマットの小穴にはリペアシートを使う。スリーブやリペアシートは購入時に付属しており、軽いものなのでいつも忘れずに持っていきたい。それ以外では結束バンドも有用だ。多様なものを強力に結合・固定できる。

金属製スリーブがある場合

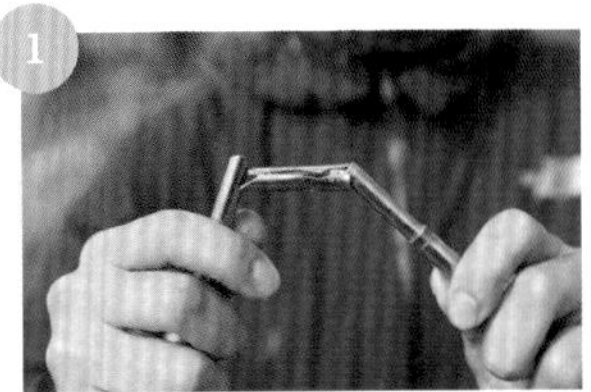

1

雑に取り扱うと、テントのポールは破損する。強風下でも折れやすく、補修用の金属製スリーブは数本持っていてもいいくらいだ。

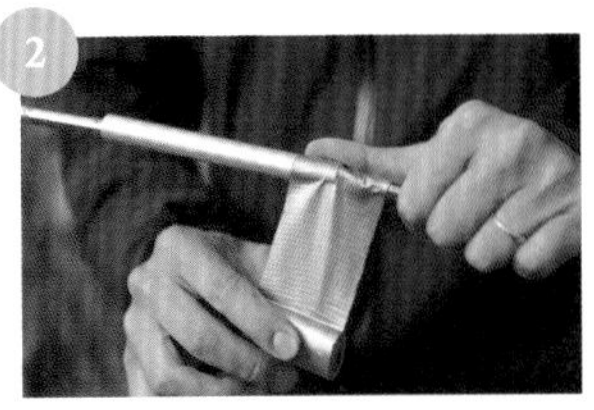

2

破損部分が中央にくるようにスリーブを通し、両端を強粘着性テープでポールに巻きつける。これだけで応急処置は完了。

3

このとき、スリーブとポールの間には高い段差ができないように注意。段差があるとインナーテントのスリーブに差し込みにくい。

金属製スリーブがない場合

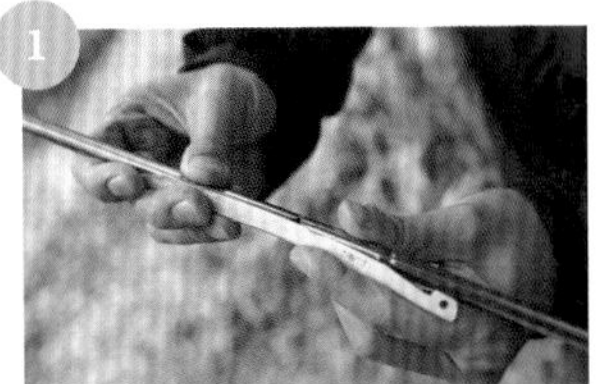

1

金属製スリーブの代わりになる、棒状で硬いものの利用を考える。たとえば細めのペグ。ポールの太さにも合わせやすいサイズ感だ。

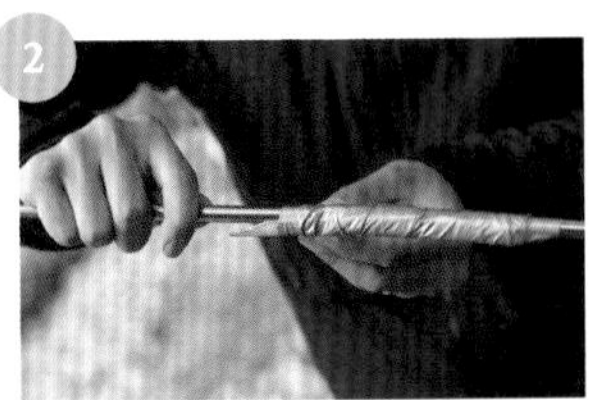

2

ポールとペグを抱き合わせ、強粘着性テープできつく巻く。ポールの破損箇所は鋭利なので、突き出ないように分厚く重ねたい。

強粘着性テープでテントなどを応急処置する際は、生地の表と裏の両面に貼り付ける。防水性が向上し、生地のほつれも抑えられる。

マルチツールが便利

道具の応急処置をしていると、素手では力が入らなかったり、細かな作業がしにくかったりして、難儀する場面が出てくる。しかしプライヤー付きのマルチツールがあれば、作業が簡単。調理用のナイフ代わりに選ぶと便利だ。

Column

テント泊 Q&A

4 生活技術

Q1

テント泊中の動物対策は？

動物がテントに近寄ってくるのは、ほとんどの場合、食料などの臭いが原因です。臭いがきつい食材はあらかじめ持参せず、それほど臭いがしないものでも食品保管用の袋に入れましょう。クマが多い場所では、枕元にクマ撃退スプレーを置いておき、万が一に備えます。

Q2

2人以上で泊まる場合に気をつけることはある？

体が疲れると普段はいびきをかかない人でも問題を起こします。耳栓を持参しましょう。それにテント場で夜や朝に騒がしいのは、大概数人で話をしている方々。自分たちの行動を客観視し、話に夢中になってほかの人に迷惑をかけていないか気をつけてください。

Q3

メッシュテントの利点と欠点は？

メッシュのインナーテントは風通しがよく、蒸し暑いときに活躍します。しかしフライシートが結露すると、なにかの衝撃でその水滴がメッシュ越しにテント内に降り注ぎ、内部が想像以上に濡れます。通気性のよさと結露問題を天秤にかけ、使用しましょう。

Q4

テント場で時間が余ったらなにをしている？

おすすめは、その山にまつわる本を読むこと。スマートフォンで電子書籍も読めますが、バッテリーを過度に消費するので、山では多少重くても「紙」の本のほうが現実的です。また、あえてほかの山域の地図を持っていき、次の計画を練るのもおもしろいものです。

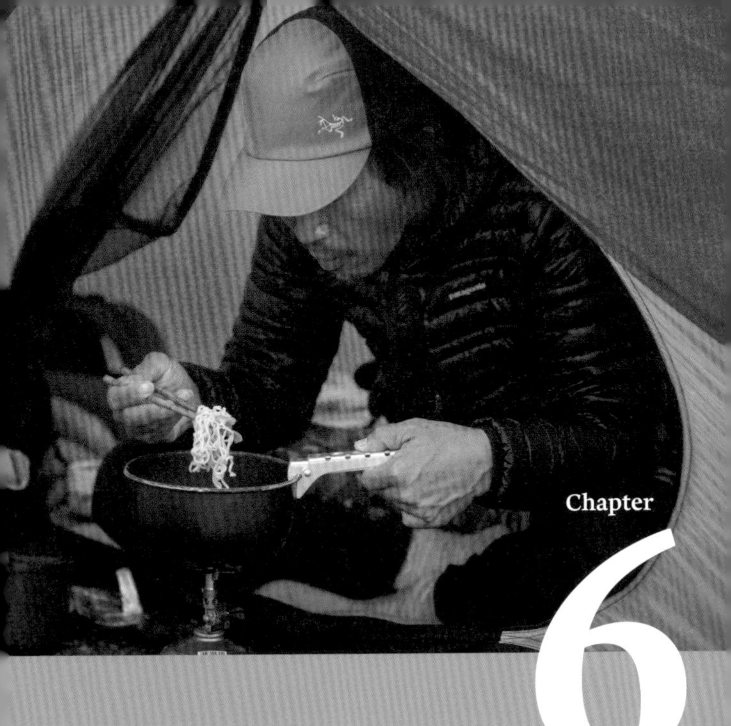

Chapter

6

眠ることと食べること

食事と睡眠はテント泊登山の大きな楽しみだ。
うまいものを食べ、テント内でよく眠ることは、
翌日以降の快適な行動にもつながっていく。
心地よく過ごすための知識を充分に身につけたい。

調理する場所と注意点

天候によって考える調理を行なうスペース

調理をする場所は、基本的にはテントの外だ。スペースが広く、バーナーやクッカーを自由に使える。バーナーが不完全燃焼を起こしたときにも有毒なガスを吸い込まずにすみ、たとえトラブルで炎が噴き出してもやけどの心配が少ない。熱湯が入ったクッカーをひっくり返したとしても、ほかの荷物への影響はなく、やはり調理は外がいちばん安全なのである。

雨が降っていても、小雨程度ならばできるだけ外で調理したほうがよい。だが注意すれば、体だけテント内に残し、前室で行なうこともできる。その際、バーナーとクッカーは必ず外に出し、フライシートからできるだけ離して火がつかないように気をつける。

しかし、台風のような嵐によって強風と大雨にさらされると、前室すら使えず、閉めきったテントの中で火を使わねばならない。

このとき、閉めきったテントでバーナーを燃焼させるとすぐに酸欠状態になり、さらには不完全燃焼から一酸化炭素中毒を引き起こす。どんなに強風が吹いていても出入り口やベンチレーターから換気を行ない、わずかでも体調の変化を感じたら、調理を中断する。腹が減っても死ぬわけではない。

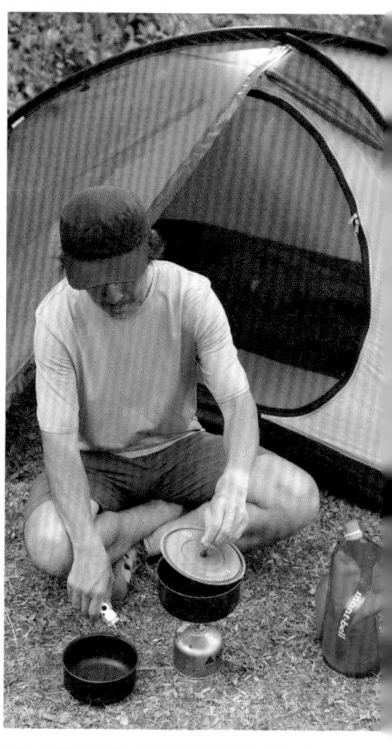

晴れているとき

天気がよいときはバーナーとクッカーを持ち出して、テントの外で調理を行なう。近くに燃えやすいものが少なく、安全だ。しかし周囲に枯れた草や落ち葉が多いと、バーナーの火から延焼する恐れもある。その場合はバーナー周辺をきれいにしてから調理を始める。

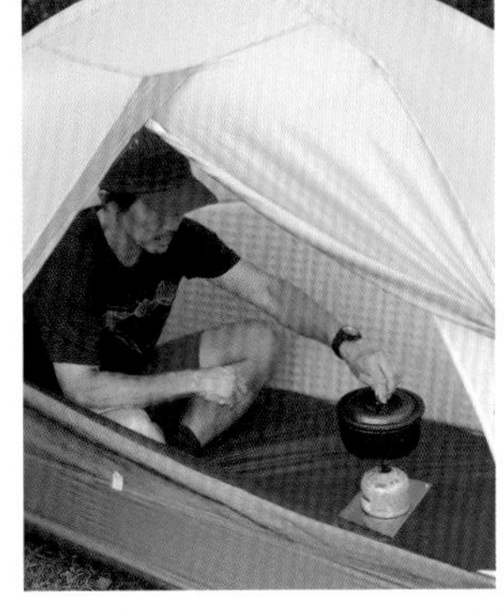

雨のとき

それほど激しくはない雨のときは、前室を使って調理をするとよい。体はテント内にありながらもバーナーとクッカーはできるだけテントから離れた場所に置き、火災の元にならないようにする。バーナーヘッドには雨がかからないように注意しよう。

嵐のとき

天気が大荒れの場合はテント内で調理するしかない。テントのフロアからはすべてのモノを取り除き、テントの壁にも火を近づけない。そして調理が終わるまで絶対に目を離さない。換気のために、フライシートは閉じていても、インナーテントの入り口は開けておく。

小さなボトルしか持っていかないと水場まで何度も往復しなければならない。テント泊のときは、2～3ℓは入る大型水筒を用意したい。

テント内で調理せざるを得ないとき、バーナーはまな板のような平らなものの上に置いて安定させる。床からマットは取り外しておく。

山小屋の自炊室

多くの山小屋には、素泊まり客のために自炊室や自炊スペースが設けられている。小屋によってはテント泊の者にも開放しており、悪天候時はとてもありがたい。しかし使用できない小屋もあるので、利用する前に小屋に確認しよう。

食材の選び方

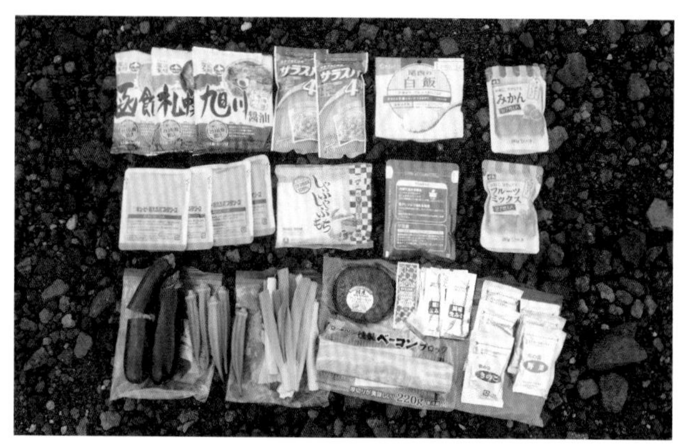

3泊4日の一例

テント泊縦走時の食材の一例。3泊4日の日程で、夕食と朝食を3回分ずつ準備している(予備日の分はここから除いてあり、昼の行動食も外している)。夕食はパスタか米に野菜とレトルト系食品を加え、朝はラーメン。ちょっとしたデザートも用意した。

エネルギーとおいしさ、重量のバランス

荷物が重いテント泊登山は、ほかの登山スタイルよりもエネルギーを使う。消費カロリーが非常に多く、夕食と朝食を中心に、栄養価の高い食事で補うしかない。

だが重い食材を持ちすぎると、歩行時に体力が奪われていく。だからといって食材を少なくすれば、充分なカロリーを得られず、ひもじい思いをする。食事は山の最大の楽しみのひとつであり、おいしさの面も捨てられない。重量、エネルギーの補給、そしておいしさ、それらのバランスが難しい。

夕食と朝食の中心は、エネルギー源となる炭水化物。パスタやラーメンなどの麺類、アルファ化米は持っていきやすい。ここにパック食品や日持ちする野菜で作ったおかずを加えれば、おいしくて豪華なゴハンが完成する。

だが食事を充実させようとすれば、どうしても食材は重くなる。

そんなこともあり、山中で活躍するのはフリーズドライ食品だ。現在は主食系に限らず、肉や野菜といった多様な食材も販売されている。費用さえ気にしなければ、一般的なメニューの大半は作れる。セールのときにまとめて購入し、ストックしておくと便利だ。

フリーズドライ食品

お湯や水を入れるだけで食べられ、なにより軽量だ。量のわりに値段が高いのは仕方ないが、主食からおかずまで種類も豊富でメリットは大きい。また、フリーズドライではないが、スーパーで売られている乾物系の食品も山では重宝する。

主食となるもの

調理の時間短縮を考え、炭水化物はアルファ化米やラーメン、早茹でできるパスタなどが中心。ここにレトルト食品やパスタソースを組み合わせ、味にバリエーションを加える。

パック、レトルト

加熱加工し、空気を抜いてパックされた食品は涼しい山ではかなり日持ちする。ただし、最終判断は自己責任で。本来は常温保存可能な製品が望ましいが、あまり種類はない。

生の野菜

ネギには殺菌効果もあり、カットした状態でもかなり日持ちする。ナスやインゲン、玉ネギなどはつぶれにくく、持って行きやすい。食品用の防水袋に入れて持ち運ぶと衛生的だ。

スープ類

大量の汗をかく登山時は、塩分と水分の補給を積極的に行ないたい。山中ではパスタの茹で汁などは処理しにくいが、味が濃いめのスープに溶かせば、あまり抵抗なく飲み干せる。

手早く作る、手早く食べる

ダブルカレー

ドライカレーの上に、さらにパックのカレーをかけたもの。ナスとニンニクの芽、ベーコンを具にプラスしている。一見では塩分を取りすぎるようなメニューだが、大量の汗をかいてミネラル分が不足していると、これでもあまり味が濃いとは思わないのが不思議だ。

具だくさんパスタ

パスタにソースをかけただけでは味気なく、量も足りなく感じることがある。そこでさまざまな具材を投入して、味と量を大幅にアップ。具材のオクラ、ナス、ズッキーニは過度につぶさなければ、かなり日持ちする野菜だ。ベーコンはもともと保存食品の一種である。

燃料を節約し、調理の時間も短縮

山中での調理には手早さが求められる。火を使う時間が短ければ燃料の消費が少なくてすみ、持参するガスカートリッジも減らせる。

ここで紹介しているメニューは、どれも素早く調理できるものだ。温めるだけで食べられるおかずやアルファ化米を中心に、パスタは早茹でタイプ。食材はできるだけ同時に煮込み、時間を短縮する。

そして鍋物以外は、完成したら迅速に食べる。金属製のクッカーは熱が逃げやすく、すぐに冷えてマズくなるからだ。山では食事をゆっくり楽しみにくいのである。

肉団子丼

コンビニで販売している小さな“単身者向け”のパック食品(肉団子、たまごサラダ、紅ショウガ、ごはん)を組み合わせたメニュー。どこでも購入できるのがいい。しかしごはん以外は常温保存できないので、夏以外の季節か、夏ならばその日のうちに食べきりたい。

モツ鍋

寒い時期は、調理したものがあっという間に冷えていく。その点、常に火にかけて熱いまま食べ続けることができる鍋物はおすすめだ。これもコンビニで購入できる食材を利用しており、野菜は炒め物用である。最後にごはんや麺を追加すれば、ますます満足感が高まる。

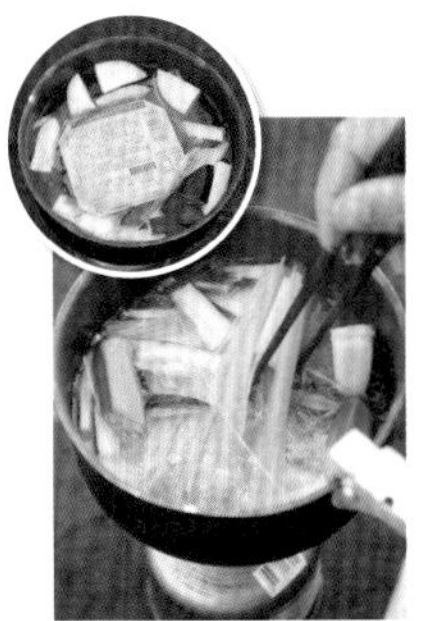

燃料と時間の節約のため、食材を煮込みながら、パック食品まで同時に温める。山では現実的なやり方だ。

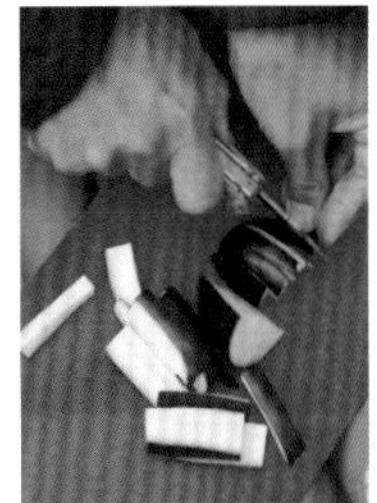

まな板はなくても済ませられる道具だ。だが野菜はきれいに切るだけで、味わいも食感も大幅に向上する。

強風時はバーナーの熱がクッカーに伝わらず、調理に時間がかかる。手早く作るために風防を持つといい。

調理後の後始末

ペーパーで拭き取り、油はお湯で溶かす

クルマで行けるキャンプ場とは異なり、山中のテント場ではクッカーを水洗いできない。そのために昔から山では食事後の食器の汚れは、トイレットペーパーで拭き取るという方法が多用されてきた。

だが涼しい山では油汚れがすぐに固着し、ペーパーでは拭いきれない。べたつきが激しいと破れたペーパーがクッカーに張り付き、さらに汚れる。ごはんも固く付着して処理しにくい。そんな問題をできるだけ避けるには、食事が終わったら迅速に拭き取ることだ。

ウェットティッシュを使うのもひとつの方法だ。食事後にお湯を沸かし、汚れを溶かしてからコーヒーなどにして飲み干す方法もあるが、神経質な人にはあまりおすすめできない。それならばごく少量のお湯で汚れを溶かし、ペーパーで拭き取ったほうが気分はいい。

山で出るゴミの多くは食材に関係し、調理後にはゴミの始末もする。水分を含んだゴミを安全にしまうには、食品用の防水性の袋が便利だ。数枚準備しておこう。

かさばりを抑えるためにはパッケージ類はきれいに折りたたみ、ゴミ袋へきれいに入れる。ゴミを分別して数枚の袋を使い分ける人もいるが、袋はひとつにして帰宅後に分類するほうが楽だ。

少量のお湯で溶かす

油汚れはペーパーでは拭き取りきれない。だが、お湯で溶かせば簡単だ。ごくわずかな量ですみ、最後にはペーパーで吸い取る。

拭き取りはペーパーで

山中のテント場では食器を水洗いできる場所のほうが珍しい。クッカーやカップの汚れはトイレットペーパーで拭い取る。

便利なメッシュの袋

食器を水洗いできるテント場であれば、メッシュの袋が活躍する。洗ったものをすべて入れ、木に吊るしておくと乾燥が早い。

持ち帰り用のゴミの処理

ゴミをただ袋に入れていると無用にかさばる。そこで紙類は小さく破き、プラスチックのパッケージはハサミやナイフで切って折りたたむ。

ペーパーの防水

トイレットペーパーは水に濡れると使いものにならない。周囲にガムテープを巻いて防水し、中心から引き出して使うとよい。

アルコールで消毒

海外のデータではあるが、アウトドアで食中毒を起こす原因の大半は、調理する人の手指が汚れているからだという。しかも新型コロナウィルスという問題まで経験した現代では、登山中の調理のときも積極的に携行タイプのアルコール消毒液を使用したい。

就寝時の寒さ対策

持てるものを活用し、保温力を高める

標高が100m高くなると、気温が約0.6℃下がるといわれる山の寒さは想像以上だ。標高3000m程度の山は海辺よりも18℃近くも気温が低く、2000m級でも12℃ほどのマイナスだ。日中の行動で汗ばむと体感温度はもっと低くなり、夜になると体が凍えて眠れない。

保温力が高い寝袋を持参するのが確実な方法だ。カバーやシーツを組み合わせるのも効果的だが、荷物は重くなってしまう。

就寝時も防寒着を着込むのを前提としたうえで、さらに保温力を向上させるいくつかの方法をここで紹介しよう。

ウェアは直接着込むよりも、使い方次第ではもっと温かさを増すことができる。速乾性のウェアは身につけてもそれほど温かくはなく、むしろ首元に巻いたり、足元に入れたりして、寝袋の暖気を内部に閉じ込める用途に使ったほうが効果的である。

より厳しい寒さには、ボトルにお湯を入れた湯たんぽで対応する。寝袋の中では朝まで一定の温かさがキープされ、起きたときに冷えすぎていない水を飲める。ただし、ひと昔前の樹脂製ボトルは熱湯に弱く、成分が流出するので湯たんぽに使った水は飲まないほうがいい。安全なのは金属製だ。

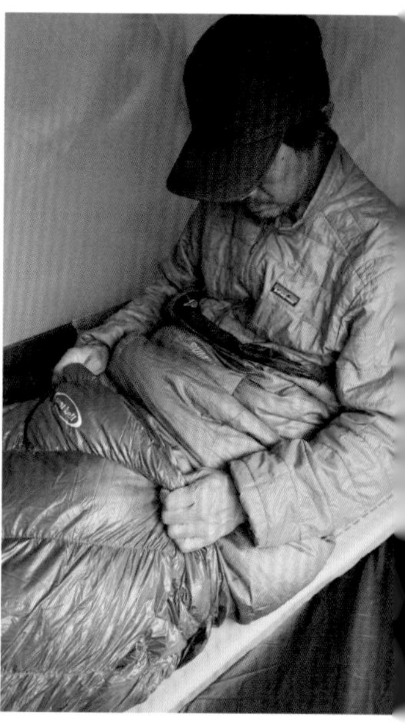

寝袋を２枚重ねる

寒い時期でも、必ずしも分厚い寝袋が必要というわけではない。ウェアと同様に“レイヤリング”して保温力をアップしよう。夏向けの寝袋を2つ重ね、防寒着も着込んで内部に潜り込めば、充分に春や秋にも対応できる。

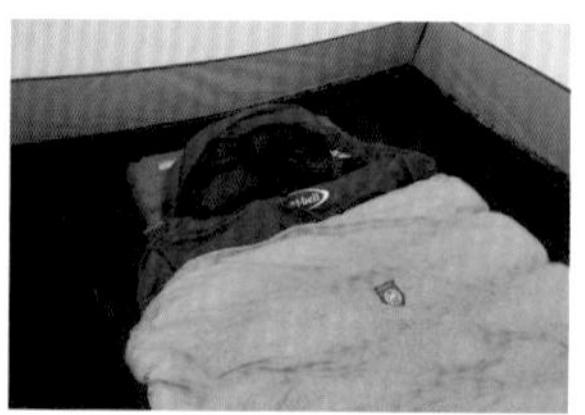

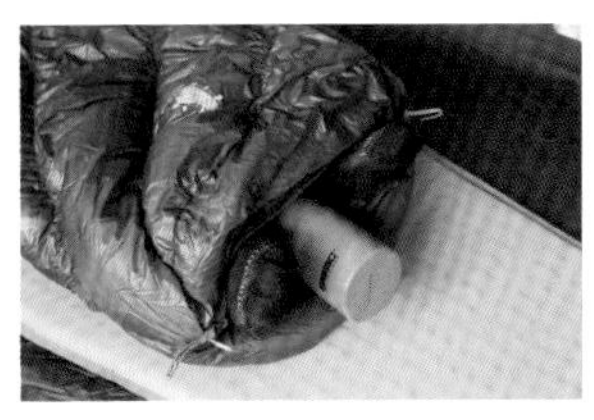

ボトルにお湯を入れて

就寝前にお湯を沸かし、金属製のボトルに入れれば湯たんぽ代わりになる。そのままでは熱すぎて低温やけどの心配があるため、ウェアなどに包んで足元に入れる。ボトルが確実に収まる靴下に入れるのがおすすめだ。

ウェアを首元に

寝袋の内部の暖気がいちばん外へ逃げていくのは、首元の開口部だ。着用しないウェアをマフラーのように首に巻くと、首そのものが温かいだけではなく、暖気の逃げ道を閉じる効果があり、寝袋内部を温かくできる。

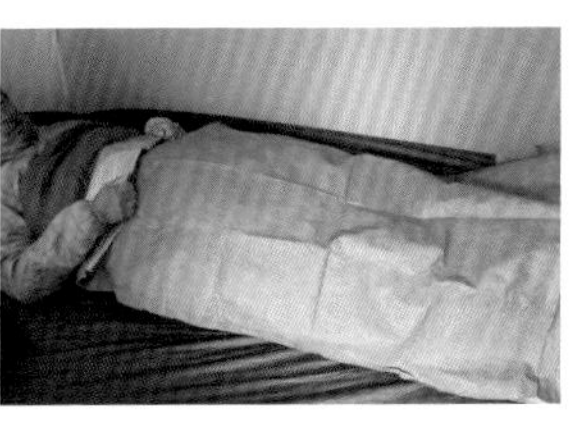

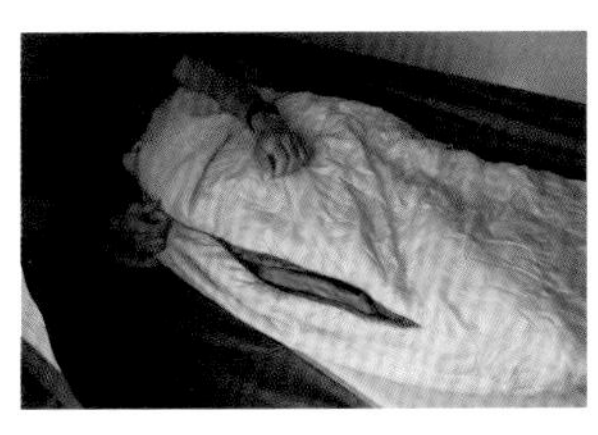

シートをかける

体温を反射する効果が高いシートは、テント内に敷いて使うだけではなく、体に巻きつけて眠れば温かく眠れる。しかし、あまりに寝袋へ密着させると寝袋の暖気を押し出すばかりか、内側が結露して寝袋を濡らしてしまう。

ウェアを足元に

寝袋の足元には無用な空間が生まれやすく、空気が内部で対流して温まりにくい。そこでここに着用しないウェアを入れておくと空気の動きが収まり、早く温まる。ウェアではなく、スタッフバッグなども効果はある。

下半身もインサレーション

上半身にインサレーション（防寒着）を着込み、寝袋の保温力との合わせ技で就寝するのは山では当たり前の話。寒がりの人はさらに下半身にも中綿が入るウェアを用意すると寒さを抑えられる。そのままテントの外でも使用でき、常に温かく過ごせる。

快適さをアップするアイデア

ポイントを押さえて もっと快適に過ごす

とかく荷物が重くなるテント泊登山のときは、できるだけ無駄なものは持っていきたくない。だが、それがあることで格段に快適性が向上するのならば、話は別だ。

持参すべきか、やめておくか迷う小物はかなり多い。だが、耳栓はぜひとも持っていってほしい。以前よりもテント泊を楽しむ人が多くなったこともあり、混雑したテント場は非常に騒がしく、なにかの手段で外の音を遮断しないとまったく眠れないことがあるのだ。

虫刺されに弱い人には防虫グッズが必要だ。特に池塘が点在するような山域では蚊やブユが猛烈に多い。しかし、日本アルプスのような高山ならば、夏でもあまり虫に刺されることはない。必要かどうかは計画次第だが、持参するなら携帯用の蚊取り線香がおすすめである。液体の虫よけよりも実は軽量で、なにより長い時間使うことができる。

また、ちょっとしたアイデアや使い方の工夫だけで快適性をアップすることもできる。

これまでのページで紹介したように、着替えなどのウェアを活用すればスリーピングバッグの保温性を高めることができ、レインウェアは足元の防水にも使える。ヘッドランプをランタン代わりにしたり、ボトルを湯たんぽに利用したりするのもアイデアのひとつだ。

山中に持っていったものを、別の用途でも活用できないか考えるのも、山の楽しさである。いろいろ工夫してみてほしい。

山中のテント場では大いびきをかく人と至近距離で夜をともにする可能性もある。安眠のために耳栓は必ず持ったほうがいい。本当に困ったときこそ、そのありがたさがわかる。

森の中のテント場には蚊などの害虫が多い。心地よく過ごすためには携帯用の小型蚊取り線香が便利だ。害虫が嫌う香りを出すキャンドルは、雰囲気がよい夜の照明にもなる。

テントを複数で使い、内部が狭苦しいときは、就寝時に必要がない装備をバックパックに入れて外に出す。雨に備えてカバーをかけておこう。バックパック内部の防水に使った巨大なパックライナーがあれば、反対にバックパックをその中に入れると、雨から完全に守られる。だが、むやみに荷物を外へ置くと小動物に荒らされる可能性がある。食料はテント内に入れよう。

細引きと呼ばれる細いロープの用途は幅広く、登山の必需品だ。荷物を束ね、靴ひもが切れれば代用でき、テント場では木々の間に張って湿ったものを乾かすのにも役立つ。

充電式の電池はコストパフォーマンスが高い。だが電圧が少し低く、寒冷な山では使用したヘッドライトなどの動作が不安定にあることも。山では一般の乾電池のほうが確実だ。

暗いテント内では、蓄光性のテープやロープが役に立つ。写真は蓄光性の細いロープを結びつけたヘッドランプ。夜半に目を覚ましたときにひと目で見つけることができる。

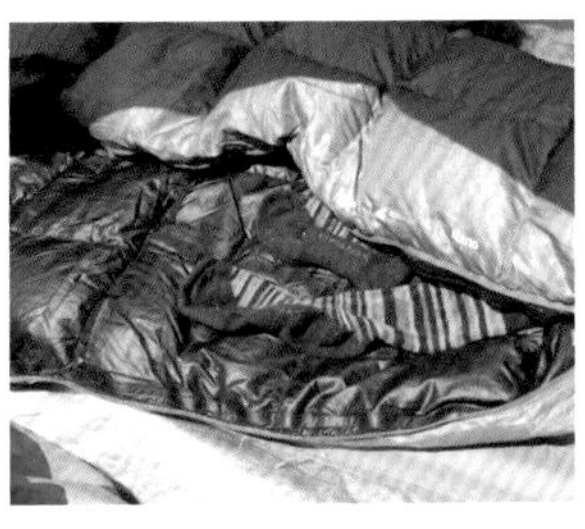

歩行中に湿ったソックスは、寝袋の中に入れて就寝すると乾燥が早い。湿気がダウンに移ることを嫌う人もいるが、ダウンの総量を考えれば保温性に響くほどではない。

Column

5 食事・睡眠

Q1

テント泊中の飲酒はOK?

もちろんかまいません。だけど、山中はアルコールが回りやすく、気分を悪くする人もいます。過度の飲酒は避けましょう。トイレが近くなるのも問題です。「山では水分ばかりのビールではなく、アルコール濃度が高いウイスキー」などという人も多いようです。

Q2

予備食・非常食はどのくらい用意すべき？

悪天候などによる日程延長に備え、予備食は1～2日分欲しいところ。でも山小屋が多い山域では食料の補給もでき、多くは必要ないでしょう。調理しないで食べられる非常食は、行動食と併用可能。日程中に食べきる量ではなく、余りを持ち帰る前提で用意すると安心です。

Q3

暑くて眠れないときの対策は？

寝袋なしでも眠れないほどであれば、我慢するしかありません。とはいえ、太い血管が体の表面近くにある首などに濡れたタオルを巻くと、少しは涼しくなりますが……。夜でも暑い場所は、昼間はそれ以上。そもそも夏場の登山には向いていない場所ともいえます。

Q4

ごはんと麺類、どっちがおすすめ？

第一には好みですが、体が疲れているときはごはんよりも汁といっしょに食べられる麺のほうが喉の通りは良好です。また、パッキング時の携行性を考えれば、スパゲティのようにまっすぐなパスタや棒ラーメン。テントのポールといっしょに収納することすら可能です。

7

帰宅前にすること、帰宅後にすること

山から下りれば、すべてが終わるわけではない。
帰宅前に山でやっておくこともあり、
帰宅後にすべき装備のメンテナンスも控えている。
すべての登山の経験は、次回の登山に続いていく。

現場でしておくメンテナンス

帰宅後が楽になる山で行なえる作業

登山の装備は数が多く、使用後の後始末には時間がかかる。本格的な掃除やメンテナンスは帰宅後に行なうとしても、現場でできることは済ませておくと後がラクだ。

登山靴が濡れていれば早めに水分を吸収させ、悪臭の元を断つ。ブラシをかけて泥汚れも落としておこう。ついでに靴ひもが傷んでいないかチェックする。

ソールも大事な部分だ。ソールに付着している山の土には、さまざまな植物の種や微生物が含まれている。その土がついたまま別の山を歩くと、思わぬ場所でその種が出芽し、生態系を崩しかねない。自宅を汚すこともないように、ソールの土は可能なかぎり現地で落としておくべきなのである。

バーナーのような金属製品は錆びやすい。最後に使ったときにきれいに掃除する癖をつけておくと、帰宅後にそのまま片づけられるだけでなく、次回の用意も簡単だ。

帰宅後にテント内部を掃除するのは手間がかかる。そこで最終宿泊地でテントをひっくり返し、ゴミや土汚れを取り除く。

これらの掃除に重宝するのは、小型のブラシだ。クルマの中にでも置いておけば、メンテナンスがすぐに簡単に行なえる。山中では硬めの歯ブラシも役立つ。

アッパーの泥を落とす

ブーツについた土の汚れは、ブラッシングして落とす。下山直後の屋外で行なうと、作業がラクだ。表面を傷めないように、柔らかめのブラシを使おう。適度に乾燥した状態だとますます落としやすい。火山帯の土は強い酸性を帯びていることがあり、放置しておくとブーツの劣化や退色のもとになる。

ソールの土を取り除く

ソールにこびりついた土は、そのままでは落としにくく、自宅までそのままになることも多い。クルマで登山へ行く人は、マイナスドライバーのようなものを載せておき、ソールの溝を掘り返すようにして、帰宅前に落とそう。山中で使っているナイフがマルチツールタイプであれば、それを利用すればよい。

ブーツの水分を取る

雨水で濡れたブーツは、そのままにしておくとすぐに悪臭を放つ。下山してブーツを脱いだら、すぐに新聞紙のような吸水性に優れる紙などを入れて水を吸い取る。毛細管現象で水分はすみやかに紙に移り、乾燥は早い。クルマの中ではエアコンからの風が当たる場所へ置いておくと、ますます乾燥が進んでいく。

バーナーの汚れを落とす

バーナーには調理中の塩分を含んだ汁が付着しがちで、放置していると錆び始める。最後の食事が終わったらすぐに汚れを落としておきたい。山行中には安価な歯ブラシを使い、捨てる前に掃除用に使う手もある。

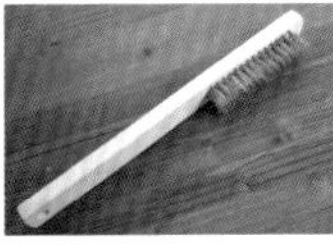

撥水・防水スプレー

レインウェアや登山靴、テントのフライシートは撥水力が肝心だ。生地が水を弾かないと透湿性は損なわれ、水が浸み込んでくる。防水スプレーの多くは撥水力も備えており、こまめに使いたい。スプレーは出発前や下山後に屋外で行なうとよい。

自宅でのメンテナンス

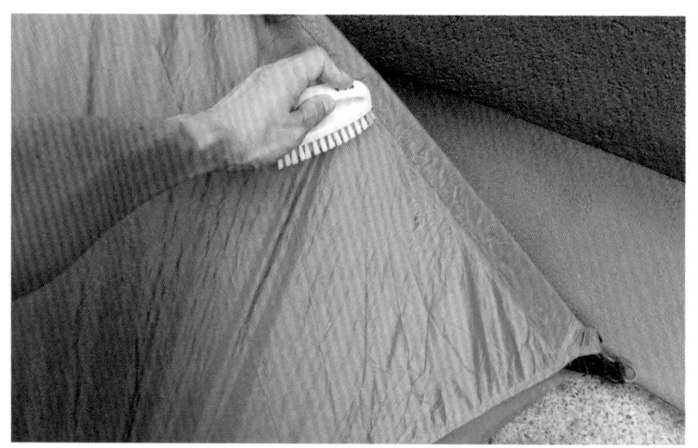

テントのメンテナンス

理想は、山中と同じように設営し、ブラシをかけたり汚れを拭き取ったりしてから完全乾燥させること。しかし自宅に広い庭がないと難しい。現実的にはポールは通さずに風通しがよいベランダなどに広げればよい。穴を見つけたらリペアシートで補修する。

補修と掃除が終わったら最後は完全乾燥

登山中の道具の修理や現地で行なうメンテナンスは、あくまでも一時的なものでしかない。本格的な補修や掃除は、帰宅してからあらためて進めていく。

主要道具のメンテナンス方法の簡単な説明は右のページを参照。だが、素材や形状によってメンテナンス方法が異なる場合は多い。自分が使っている道具のメーカーのウェブサイトを見て、適合したやり方を確認してほしい。

すべての道具に共通していることは、最後に「完全に乾燥させる」こと。テントやバックパックのように防水コーティングを施しているものは加水分解を起こし、経年劣化する。この加水分解は現在の技術では解決できていない問題であり、どうすることもできない。だが、しっかりと乾燥させてから保管すれば、劣化の速度を遅らせることはできる。加水分解の問題は登山靴のミッドソールも同様だ。

バーナーやクッカー、軽アイゼンのような金属製品も乾燥させないと錆びを起こす。トレッキングポール内部も水が抜けにくく、錆びやすい部分である。拭き取れる部分は拭き取りつつ、風通しのよい場所で内部まで乾かしたい。

寝袋を干す

風通しがよい場所に吊るし、湿気を取り除く。中綿が出てきそうな場所は、リペアシートを貼って塞いでおく。収納するときは小さなスタッフバッグに押し込まず、内部のダウンがつぶれないようにふんわりとした状態にする。

マットを直す

わずかでも空気の漏れを感じたら、膨らませてから水を張った湯船へ。傷んだ部分からは泡が出る。その後、乾燥させてからリペアシートで修理。見栄えは悪くてもシートは大きめに貼ったほうが空気の抜けが抑えられる。

レインウェアを洗う

表面生地の撥水性を回復させる確実な方法は、レインウェア専用の洗剤で洗うことだ。だが一般的な中性洗剤を薄めに使って洗濯機で洗い、徹底的にすすいでから、乾燥機で完全乾燥させるだけでも撥水性はかなり回復する。

登山靴を撥水させる

登山靴のアッパーの撥水性を取り戻すには、汚れを完全に落としてから、撥水スプレーをかけるのみ。ソールが摩耗している場合、交換可能なものは販売店に頼み、交換不能のものであれば新しいものに買い替える。

今後のためのチェック項目

自分の弱点を把握し次回以降に生かす

登山が終わった後は、写真でも眺めながら山行の様子を振り返り、なにか問題がなかったか確認したい。それが今後の登山をより安全で楽しいものにしてくれる。

右の６項目は代表的なチェック事項だ。困ったことや不安だったこと、自分に足りなかったことなどを明確にして、次回までに自分の弱点を補っていく。

体力に自信がなければ、トレーニング。その問題が重い荷物を運ぶための筋力なのか、長距離を歩くための持久力なのかで、トレーニングの内容は変わってくるはずだ。それとは反対に、自分の体力に合わせて、次からはもっとラクな計画にするという考え方もある。

予定していたコースをどれくらいの所要時間で歩けたのかも大事なチェック項目だ。予想以上に時間がかかっていて、気が重くなるかもしれないが、軽量な装備に買い直せば、歩行スピードが自然に上がる可能性もある。

山ではすべての総合力が試される。ある程度のレベルまでは、技術不足を知識で補い、体力不足を装備で補うことも可能だが、それも自分の力量を正しく理解することが大前提になる。今後の登山を思い出深いものにするために、さらなる山の実力をつけていこう。

装備

正しい使い方がわからず、苦労しなかったか？曖昧な理解のまま使い続けず、あらためて説明書を読み、適切な使い方を復習する。

技術

風の強い場所でもテントを確実に張ることができたか？　難所でもスムーズに歩けたか？不安があれば難易度が低い場所で練習しよう。

体力

帰宅後の疲労感はどれほどだったか？　それによって次回のルートをもっと長くしたり、装備をより軽量にしたりと、判断していく。

所用時間

コースタイムの目安と比べ、自分のスピードはどれくらいだったか？　自分に無理がない計画やスケジュールを立てる参考にする。

判断力

天候の変化や登山道の状況に臨機応変に対応できたか？　より適切な対処方法がなかったか再検討し、シミュレートしてみる。

食事と睡眠

テント泊の間、行動し続けられるエネルギーを補充し、しっかり体を休ませることができたか？　できなければ、やり方を見直す。

買い物は下山後に

これは使いにくい、あれを持ってくればラクだった……。山で本当に必要な道具は、山中でこそ実感できる。その感覚が薄れないうちにショップへ向かい、必要なものを手に入れるようにすると、買い物を失敗することが少ない。

テント泊のバリエーション

これもおもしろい！
一般登山とは別の世界

この本で扱う「テント泊登山」は、歩いてしか行けない山中のテント場を中心としている。だが、もっと広い目でフィールドを眺めると、別の方法でもテント泊を楽しめることがわかる。

有名な山の頂上に立つことにこだわりがなければ、日本各地に整備されているロングトレイルを歩くのもいい。有名な信越トレイルは、2021年8月には全長100km以上にも延伸され、毎日テント泊をしながら歩くことができる。

同じ山でも無雪期ではなく積雪期に登ると、山の雰囲気が違って新鮮だ。それもテント泊なら白い山が夕日に輝く姿も堪能できる。その代わり、無雪期よりも格段に必要とされるスキルや装備が増えていく。ある程度の経験を積んでから挑戦すべきだ。

沢や海岸のように水辺を歩くのもおもしろい。釣りや山菜採りと組み合わせると、自分で食材を調達しながら野営することができ、普段のテント泊登山とは食料計画が変わってくる。登山道がつけられているわけではないから、普通の登山以上の難しさがある場所だ。

いずれにせよ、日本でテント場がいちばん多いのは、やはり山中。山でテント泊をしながら、日本の自然を全身で味わいたい。

ロングトレイル

登山というと、山頂をめざすことを考えがちだが、山名にはあまりこだわらず、長距離・長時間歩くことを楽しんでもいい。たとえば、信越トレイルには有名な山は少ないが、テント泊で1週間近く歩くことができる。さらにはキャンプ指定地以外でのテント泊も許されている高島トレイルのような場所も日本には存在する。むしろ普通の山よりも自由かもしれない。

雪山登山

雪山登山は非常にハードルが高い。ただでさえ雪崩や滑落の危険が高いのに、雪山用の各種装備も増え、多大な体力が必要になる。もちろんテント泊も雪の上だ。テントの固定方法は大きく変わり、雪を溶かして飲み水もつくらねばならない。だが、その困難さがあるから、ますます魅力的でもある。

沢登り

登山道がない沢を歩いて登るのは、日本古来の登山スタイルだ。登山道がない場所にテント場があるはずもなく、宿泊の際は増水や落石の危険が少ない、いわゆる"適地"に野営することになる。キャンプ指定地を使わないことからグレーゾーンにある遊びともいえるが、現状は黙認されている。

海岸

山ではない場所をテント泊で歩こうとすると、ひとつの候補は海岸である。たとえば、北海道の知床半島はテント泊によるトレッキングができる場所として知られ、ビジターセンターなどではフィールドの詳しい情報を提供してくれる。人間よりもヒグマのほうが多い土地だが、歩き甲斐がある。

この書籍『テント泊登山の基本テクニック』は、2013年に発売された『テント泊登山の基本』を母体とし、最新情報を加えて大幅にリニューアルしたものである。大部分の写真は新しいものに変わり、画像で見せている装備類もいっそう現代的なものでそろえている。重要項目を中心に文章も刷新し、わかりやすい表現に改め、新しい項目もかなり加えた。もはや別の本と言ってよいだろう。

だが、どちらの書籍のタイトルにも共通して入って

いる単語が、「基本」である。この数年間だけでもテントはどんどん進化し、重量1kgに満たないモデルまで登場しているが、「基本」となる構造やデザインが極端に変わったわけではない。設営方法や素材に少々変化があったとしても、それらは従来の「基本」知識や「基本」技術が進化した延長線上に存在しているだけなのだ。

つまり、ひとたび基本さえ身につけてしまえば、これから先、テント泊の方法や装備が多少変化したところで、あとは「応用」として対応できる。テント泊に

限らず、登山という趣味を長い間楽しむのなら、「基本」というものを早めに自分の体になじませておいたほうが、その後がとても楽になるだろう。

「テント泊登山」という山旅のスタイルは、ほかの旅の方法に比べ、圧倒的に自由だ。ほとんどのテント場は予約がいらず、好きなタイミングで宿泊できる。食材を自分で持つ必要はあるが、レストランや食堂のように決められたメニューから選ぶわけではなく、自分好みのものを好きな分量だけ食べられる。同じ山の旅でも山小屋には消灯時間があるが、テント場にはなく、ほかの人に迷惑さえかけなければ好きな時間まで起きていていい。もちろん目を覚ます時間も自分次第だ。

その代わり、重いテント泊装備を自分で背負わなければならず、ほかの登山スタイル以上に体力勝負だ。暴風雨でも安心な山小屋とは異なり、どんな状況でも自分で乗り切ることが必要になる。だが、だからこそ気持ちが充実し、達成感も得られる。少々ハードルが高い遊びゆえの楽しさとおもしろさが、そこにはある。

日本には北アルプスや南アルプスのような、標高3000mを超える場所にもテント場が存在する。気象条件は過酷だが、それだけの超絶的な山岳風景が広がっている。だが、標高が低い森の中のやわらかな雰囲気も捨てがたいものだ。テント泊登山を繰り返し、自分好みの山を探しだしていってほしい。

高橋庄太郎（たかはし・しょうたろう）

1970年、宮城県仙台市生まれ。山岳／アウトドアライター。仙台第二高校の山岳部で山を歩きはじめ、それ以来、国内外のさまざまな山を歩いている。『山と溪谷』『PEAKS』『BE-PAL』などの登山・アウトドア雑誌やウェブメディアへ執筆し、イベントやテレビ出演も多い。また、テントなどのアウトドア用具をプロデュースして製作・販売も行なっている。著書に『山道具 選び方、使い方』（枻出版社）、共著に『"無人地帯"の歩き方 人力移動と野営術』（グラフィック社）など。日本の山中の"キャンプ指定地"のほとんどに泊まったことがあり、とくに北アルプスと北海道の山々を愛している。

■写真／飯坂 大、猪俣慎吾、逢坂 聡、奥田晃司、加戸庄太郎、
杉村 航、中村英史、ピクスタ、矢島慎一
■イラストレーション／林田秀一、町田早希、山口正児
■カバー&フォーマットデザイン／尾崎行欧、本多亜実(尾崎行欧デザイン事務所)
■DTP／ベイス
■校正／戸羽一郎

テント泊登山の基本テクニック　YS059

2021年8月5日　初版第1刷発行

著者　高橋庄太郎
発行人　川崎深雪
発行所　株式会社山と溪谷社
〒101-0051 東京都千代田区神田神保町1丁目105番地
https://www.yamakei.co.jp/
■乱丁・落丁のお問合せ先
山と溪谷社自動応答サービス　TEL：03-6837-5018
受付時間／10:00-12:00、13:00-17:30（土日、祝日を除く）
■内容に関するお問合せ先
山と溪谷社　TEL：03-6744-1900（代表）
■書店・取次様からのお問合せ先
山と溪谷社受注センター　TEL：03-6744-1919
FAX：03-6744-1927

印刷・製本　図書印刷株式会社

 ISBN978-4-635-51066-0